오후 6시 사장

회사를 그만두지 않고 월 1,000만원 벌기

오후 6시 사장

Six Pm President

| 마키노 마코토 지음 | 홍영의 옮김 |

Leegaseo

차례

머리말

제1장 회사를 그만두지 않고 경영하는 기업起業은 행복하다!

1. two job으로 일에 대한 보람과 자신감을 얻는다 _ 018

2. 장소에 구애받지 않고 기업한다 _ 021

3. 지혜를 판다 _ 026

4. 아직은 회사를 그만두지 마라 _ 028

제2장 정보 기업가로 성공할 수 있다!

1. 자신 있는 분야를 선택한다 _ 032

2. 상품 그 자체보다 정보의 가치가 높다 _ 035

3. 비즈니스는 세 가지 스텝으로 벌린다 _ 039

4. 누구나 전문가가 될 수 있다 _ 044

5. 작은 규모로 성공할 수 있다 _ 047

6. 자신의 숨겨진 능력을 발견하라 _ 049

제3장 보통 샐러리맨은 이렇게 기업했다!

1. 수입의 격감으로 돈이 필요했다 _ 054
2. 자신이 할 수 있는 것으로서의 기업을 모색했다 _ 059
3. 구애됨 없이 간단하게 시작했다 _ 062
4. 해 보고 싶은 것과 자신 있는 것의 두 가지 테마를 설정했다 _ 065
5. 시행착오 끝에 홈페이지를 구축했다 _ 069
6. 어플리에이트affiliate 프로그램에 도전했다 _ 072
7. 돈의 흐름이 생겼다 _ 076
8. 하나의 정보가 또 다른 정보가 되어 돌아왔다 _ 080

제4장 꿈이 예정대로 진행되는 것이 기업의 묘미다!

1. 돈이 벌리는 즐거움을 알게 된다 _ 086
2. 자기 투자의 가치를 느끼게 된다 _ 088
3. 언제 어디서든 비즈니스를 할 수 있다 _ 092
4. 부자 마인드의 친구들이 늘어난다 _ 096
5. 꿈을 현실화 할 수 있다 _ 099

제5장 정보 기업가로 성공하는 사람과 실패하는 사람!

1. 상품이 아닌 수법을 파는 발상 _ 104
2. 재너레이터를 만드는 방법을 캐치한다 _ 110
3. 두 가지 테마는 비즈니스의 보험이 된다 _ 112
4. 고객 리스트의 활용이 부를 낳는다 _ 116
5. 자기 미디어를 늘려 고객에게 접근한다 _ 119
6. 슈퍼 오더 메이드의 상품을 판다 _ 122
7. 굶주린 고객을 찾는다 _ 124
8. 사고의 프레임워크framework를 바꾼다 _ 128
9. 업무를 타인에게 맡기는 효율화를 추진한다 _ 131
10. 품격이 없으면 가치가 떨어진다 _ 135
11. 파트너십, 서로의 강점을 활용한다 _ 137

| 특별 인터뷰 |

싸우는 승부 자리를 바꿨기 때문에 나는 승리 팀이 되었다 _ 140

제6장 이것이 결정적 수단이다! 성공으로 이끌어 주는 6가지 요인

1. 일반적인 감각이 고객의 마음을 사로잡는다 _ 156

2. 시간, 연령, 성별에 구애받지 않는다 _ 159

3. 정보 기업가가 되는 7가지 스텝 _ 164

4. 마음의 브레이크를 풀어 놓는다 _ 171

5. 자신의 영감을 믿고 행동한다 _ 173

6. 성공에 대한 끊임없는 구애와 정열을 갖는다 _ 175

후기

■ **머리말**

이 책을 구입해 주신 독자 여러분께 감사 드립니다.

나는 당신이 기업가로서 성공할 수 있도록 도움을 주기 위해 이 책을 썼습니다. 조금만 앞으로 나아갈 용기를 가진다면 인생이 크게 바뀐다는 것을 알려 주고 싶었습니다.

당신은 꿈을 가지고 있습니까?
혹시 터무니없이 큰 꿈을 가지고 있지는 않습니까?

나는 많은 꿈을 가지고 있습니다. 그 꿈을 실현하는 것이 내가 살아가는 이유이기도 합니다. 나는 내가 살아온 증표로서 모든 꿈을 반드시 이루려고 결심했습니다.
그 큰 꿈 중의 하나가 겨우 이루어졌습니다. 샐러리맨으로 근무하면서 기업가起業家가 된 것이지요. 40고개를 넘은 힘없는 사람도 기업가가 될 수 있는 것입니다.

기업(사업을 새로 일으킴)한 지 1년이 채 못 되지만 내가 대표로 있는 〈정보 기업가 연구회(http://www.1speedmarketing.com)〉에는 많은 회사와 기업가로부터 업무 제휴의 상담이 쇄도해 현재 서로 협조하여 상품 개발과 사업을 전개하고 있습니다. 구체적으로는 기업하고 싶은 사람을 위한 정보 기업가 입문, 파워 업 시리즈(성공 매뉴얼이나 실천 코스 등)와 인터넷 성공 노하우 비디오의 판매, 자본금 1엔 회사 설립 지원, 중소기업을 위한 경영전문잡지 판매, 메일 매거진의 제공, 영어 교재의 개발, 기타 각종 비즈니스에서 업무 제휴를 하고 있습니다.

이런 일들을 혼자서 시작하게 된 것이지요. 왜냐하면 대부분의 일이 '자동 조종화'되어 있기 때문에 혼자서도 충분했던 것입니다. 365일 24시간 잠을 자지 않는 인터넷은 내가 회사에 있는 동안에도 나를 대신해 '우수한 영업사원'으로 정확히 돈을 벌어 주기 때문입니다.

메일 매거진을 시작한 지 6개월도 되기 전에 이 비즈니스에서의 수입이 30만 엔을 넘게 되었습니다. 새로운 '돈의 흐름'이 생겼죠.

그 후에도 비즈니스는 순조롭게 확대되어 본업인 샐러리맨의 연수익을 돌파할 정도가 되었습니다. 나는 '비즈니스로 돈은 얼마든지 벌 수 있다.'라는 확신을 가지고 있었기 때문에 "앞으로 어떻게 할까"하는 장래의 불안이 "이번에는 무엇을 하자."라는 미래의 기대로 변했습니다.

일개 샐러리맨인 내가 어떻게 이런 성공을 거둘 수 있었을까?

바로 그 성공의 열쇠는 내가 발행하고 있는 메일 매거진에 있습니다. 메일 매거진의 발행 부수는 현재 두 개의 잡지사를 합쳐서 5만 부에 육박합니다. 개인이 발행하고 있는 비즈니스계 메일 매거진 중에서는 일본 최대라고 할 수 있죠. 이 책의 베이스가 된 메일 매거진 「퇴근 후 돈 버는 1인 기업하기」는 3만5천부. 벤처 부문에서는 단연코 톱이며, 일본에서 제일가는 부수입니다. 또 다른 잡지인 「실수투성이의 마케팅〈원숭이에게서도 득을 보는 신 법칙〉」은 1만3천부. 마케팅 부문에서 항상 베스트 10에 들어 있습니다. 이렇게 메일 매거진의 발행을 토대로 하여 많은 비즈니스 벤처를 얻게 되었습니다. '샐러리맨으로 근무하면서 단 혼자서 기업하여 성공'할 수 있었던 것입니다.

이른바 '주말 기업'인가 하고 생각하는 독자가 있을지 모르지만 '주말 기업'과는 다릅니다. 거짓 없는 '프로 기업가'이며 주말만의 기업가는 아니라는 뜻입니다.

내가 기업하기 위해 취한 방법은 인터넷을 사용하여 '정보'라는 상품을 판매하는 기업 방식이며, 발상지는 네트 선진국인 미국입니다. 미국에서는 이 방법으로 기업한 사람을 '정보 기업가(인포메이션 프레너)라 부르고 있습니다. 최근에는 일본에서도 이 기업 방법에 대한 주목 받는 성공 사례가 늘고 있는 실정입니다.

이 기업 방법의 최대 메리트는 ①돈을 들이지 않고 ② 단, 혼자서도 기업할 수 있는 데 있습니다.

왜냐하면 상품이 '정보'이기 때문입니다. '정보' 그 자체를 팔기 때문에 일반 상품과는 달리 구입할 필요가 없습니다. 그렇기 때문에 투자를 하지 않아도 되는 것이며, 당신의 머릿속에서 얼마든지 상품을 만들어 낼 수 있는 것입니다. 당신의 전문 지식이나 노하우를 '정보'라는 상품으로 바꾸기만 해도 그것을 꼭 사겠다는 고객들의 주문 전화가 쇄도하기 때문입니다. 즉, 당신이 좋아하는 것이나 자신 있는 분야, 하고 싶은 것으로 기업할 수 있는 것입니다. 현재 다니고 있는 회사에서 독립하지 않아도 사이드 비즈니스로 사업을 꾸려 나갈 수 있는 것이지요.

이 방법의 세 번째 메리트는 여기에 있습니다. ③ 회사를 그만두지 않아도 된다. 이런 이유로 인해 '정보 기업가'는 '세계 제일의 간단한 기업 방법'이라고 불립니다.

자신의 주위를 둘러보거나, 이야기를 들어도 언젠가 독립하고 싶어 하는 샐러리맨들이 많습니다. 바로 이 책의 독자인 당신도 그중 한 사람일지 모릅니다. 그러나 문제는 많은 사람들이 생각하고 그리는 기업의 성공 모델이 한정되어 있다는 점입니다.

첫째, 손정의와 같은 대 실업가가 된다.

둘째, SOHO(Small Office Home Office)와 같이 혼자 집 안에서 기업하여 24시간을 혹독하게 일한다.

여기에는 모두 '회사를 그만두고'라는 전제가 붙습니다. 그러나 이렇게 되면 좀처럼 성공할 수 없습니다. 비록 이 모델로 기업할 수 있었다고 해도 당신에게 '시간의 자유'까지는 주어지지 않기 때문입니다.

회사를 그만두지 않아도 기업하여 성공하는 모델은 그밖에도 있습니다. 그것을 당신이 모르는 것뿐이지요.

정보 기업가의 발상지인 미국뿐만 아니라 중국이나 대만 등의 아시아 국가에서도 한 회사에 근무하면서 다른 회사의 경영자가 되어 있는 사람들은 많이 있습니다. 가까운 장래에 반드시 한국에서도 미국과 같이 샐러리맨으로 근무하면서 다른 직업에 종사하는 것을 당연시하게 되리라 생각합니다. 그것이 시대의 흐름이기 때문이지요. 사실 일본에서도 일부 기업企業이 부업을 공식적으로 인정하게 되었습니다. 샐러리맨의 연봉이 한계점에 와 있기 때문이죠. 연봉 300만 엔은 남의 일이 아닙니다. 당신에게도 갑자기 찾아올지 모르는 일입니다.

미래의 샐러리맨은 '기업가의 발상'이 필수가 될 것입니다. 왜냐하면 회사에 매달려서 살아가는 시대는 끝났기 때문이죠. 회사도 모든 사원을 돌볼 여유가 없습니다. 일부 엘리트만을 선별하여 후한 대우를 하게 될 것입니다. 실제로 미국에서는 '*네트 버블 시대'에서도 샐러리맨의 평균 연봉은 저하했습니다. 일부 엘리트만이 막대한 수익을 얻었죠. 회사의 업적이 올랐다 해도 사원 전체의 연봉이 상승하는 일은 구조적으로 없어졌다고 볼 수 있습니다. 네트 버블 시대 초에는 네트 비즈니스나 네트 관련 기업의 10년 후, 20년 후의 전망까지 평판에 오르면서 갓 설립한 적자 회사의 주가까지도 몇 십 배, 몇 백 배까지 오르게 되는 광란의 시대였습니다. 네트 버블을 상징하는 주식은 소프트 뱅크, 광통신 등이며 두 회사의 시가 총액은 국제 우량주를 능가하는 수준에까지 부풀어 올랐습니다. 그러나 2000년 초를 피크로 네트 버블은 붕괴되어 그들 주가는 몇 십 분의 일, 몇 백 분의 일로 곤두박질쳤습니다.

미래의 샐러리맨은 회사에 의존하지 않고 자립해서 벌 수 있는 힘이 있어야 합니다. 그러므로 빠른 시일 내에 기업가의 트레이닝을 준비해 두기를 권합니다.

요즘처럼 힘든 시기에 회사에서 당장 뛰쳐나오는 것은 메리트보다 디메리트가 크다고 생각합니다. 그렇게까지 결심하지 않아도

---

*네트 버블 : 네트 버블이란 1999년부터 2000년에 걸쳐 일어난 인터넷 관련 주식의 상장을 말한다.

회사의 일과 양립할 수 있는 것이 '정보 기업가'의 매력이니까요. 물론 샐러리맨으로 있는 것도 결코 나쁜 일은 아닙니다.

실제로 나는 회사를 그만두지 않았습니다. 그리고 '다른 얼굴'을 가짐으로써 회사에 폐를 끼치지도 않았습니다. 오히려 '정보 기업가'의 노하우를 획득함으로써 고객의 마음을 좀 더 이해할 수 있게 되었지요. 고객이 무엇을 회사에 요구하고, 무엇을 기대하고 있는가를 실감할 수 있게 되었습니다. 예전에 샐러리맨밖에 몰랐던 때보다는 두 개의 얼굴을 갖은 지금이 근무하고 있는 회사의 매상에 한층 더 공헌할 수 있게 되었다고 생각합니다. 눈앞에 과해진 회사 업무에 좀 더 성실하게 임하게 되었고, 모든 것이 잘 회전하며 돌아가게 되었습니다. 또한 하루하루가 즐거워졌고, 회사 업무도 힘들지 않게 되었으며, 결국 나의 인생이 크게 바뀌게 되었습니다.

사실 고객이 기꺼이 돈을 지불해 주는 '팔리는 정보'란 단순한 노하우가 아닙니다. 밑바닥이 보이는 노하우는 곧 속이 들여다보일 것이고, 새로운 정보를 계속 추구해도 조금의 진전도 바랄 수 없기 때문입니다. '팔리는 정보'란 당신 자신 속에 있습니다. 당신이 지금껏 경험한 것을 '정보'라는 상품으로 바꾸면 되는 것이죠. 즉, 당신의 인생이 팔리는 것입니다. 당신은 누구에게도 뒤지지 않는 우수한 지식과 경험을 가지고 있습니다. 그것을 깨닫지 못하고 있을 뿐이지요. 당신을 높이 평가해 주는 고객이 반드시 어딘가에는 있을 것입니다. 그 고객을 발견하면 되는 것입니다. 실패투성이의 인생이었던 사람일수록 자신의 상품 가치가 높아지는 것입니다.

당신이 할 수 있는 것부터 시작하기 바랍니다. 다만 '진심'으로 그것을 원해야 합니다. 그렇게 하면 당신 앞에는 새로운 세계가 펼쳐질 것입니다. 당신의 장래가 어떻게 될지는 아무도 모릅니다. 그러나 용기를 내서 첫걸음을 내딛기 바랍니다. 반드시 뭔가 달라질 것입니다. 나 또한 처음부터 자신이 있었던 것은 아닙니다. 조금씩 일을 추진하면서 많은 사람에게 격려를 받으며 여기까지 왔습니다. 인간의 능력이란 큰 차이가 없습니다. 당신 안에는 자신이 상상할 수 없을 정도로 많은 가능성이 잠재해 있습니다.

40이 넘은 나도 기업할 수 있었습니다. 그러므로 당신도 틀림없이 잘 될 것입니다.

세상에 태어났으니, 당신답게 마음껏 살아 보고 싶지 않습니까.

정보 기업가 연구회 대표 **마키노 마코토**

1

회사를 그만두지 않고 경영하는 기업起業은 행복하다!

1. two job으로 일에 대한 보람과 자신감을 얻는다

나는 광고 대리점에서 근무하는 평범한 샐러리맨이다. 아내 그리고 두 아이와 함께 한 마리의 고양이를 기르고 있다. 물론 나이도 40고개를 넘어 머리숱이 약간 적어졌다. 지금도 컴퓨터는 키보드를 보지 않고는 칠 수가 없는 것이 나의 현실이다. 그러나 이런 내가 '프로 기업가'로서 매일 정열적으로 일을 하고 있다. 기업을 한 지 채 1년도 되지 않았는데 말이다.

나의 꿈은 '나의 비즈니스를 갖는 것'이었다. 그것도 큰 비즈니스가 아닌 나에게 맞는 '스몰 비즈니스'.

스몰 비즈니스의 기업가라는 것이 근사하지 않은가.
내가 좋아하는 일을 할 수 있고, 누군가에게 고용된 사장이 아니므로 무엇이든 스스로 결정할 수도 있다. 또한 조그만 마켓에서 싸움이 일어나도 사장이라는 신분으로 무엇이든 혼자서 이겨 낼 수 있지 않은가. 물론 자신 있는 분야를 활용한 비즈니스라면 대기업과 싸워도 승산이 있다. 그리고 영어를 사용하면 세계를 상대로 다이내믹하게 장사를 할 수도 있다. 이런 직업으로 많은 돈을 벌 수 있다면 하루하루가 즐겁고 내 일에 좀 더 충실해 질 수 있는 것이다.

'나는 살아 있다!'라는 것을 실감한다.
'아빠, 대단하지!'하고 아내나 아이들에게 자랑할 수도 있다.
이런 이유 때문에 자립한 기업가가 되고 싶었던 것이다.

그러나 회사를 그만두고 독립하는 것은 용기가 필요했다. 또한 혼자서 독립해서 잘 해 나갈 자신도 없었다. 매월 돈이 들어오지 않으면 그야말로 비참한 현실이기 때문이다. 그래서 나는 샐러리맨을 그만두지 않고 기업할 수 있는 방법을 찾고 있었다. 그리고 결국 그 꿈이 이루어졌다. 즉, '진짜 기업가'가 된 것이다.

지금은 하루하루가 즐겁고, 일하는 보람도 있다. '내가 좋아하는 일을 하면서 돈을 벌 수 있다'는 만족감이 있기 때문이다. 또한 '노력하면 무엇이든 할 수 있다!'는 것을 깨달았기 때문이다.

물론 본격적인 비즈니스이기 때문에 쉽지는 않다. 또한 긴장을 늦출 수도 없다. '주말'만으로는 이 일은 할 수 없기 때문이다. 평일에도 회사에 출근하기 전이나 퇴근하고 집으로 돌아와서도 일을 할 수밖에 없다. 이러한 이유로 명목상 '1년 365일, 매일이 기업가'인 것이다.

 기업가가 되면 샐러리맨의 수입 이외에 기업가로서의 수입이 확보된다. 이 '두 가지 수입원'을 가지고 있다는 것이 마음 편안해 지는 이유이기도 하다. 샐러리맨의 수입은 한계점에 닿아 있지만 기업가로서의 수입은 그 한계를 드러내지 않는다. 자신이 노력하면 노력한 만큼 수입을 올릴 수 있기 때문이다. 즉, 샐러리맨 수입의 몇 배나 벌 수 있는 것이다. 게다가 좋아하는 동료들과 함께 비즈니스를 할 수 있는 것도 각별하다. 샐러리맨으로는 생각할 수 없는 일이기 때문이다.

 이 일을 시작하면서 돈에 대한 가치관이 180도 변했다. 샐러리맨으로 오랫동안 근무하고 있으면 '돈은 회사에서 받는 것'이라는 수동적인 의식이 강해지지만 '돈은 스스로 버는 것'이라는 자립된 의식을 가질 수 있게 되었다. 이 변화는 대단한 것이다. 나의 인생이 크게 변했기 때문이다. 또한 이와 같은 기분은 누구나 가질 수 있다.

2. 장소에 구애받지 않고 기업한다

나는 집에서 인터넷을 사용하여 기업을 시작했다. 그런 점에서는 재택 기업이지만 자택이 아니라도 컴퓨터가 있는 곳이라면 어디서나 기업할 수 있다. 그러므로 당신도 좋아하는 장소에서 할 수 있을 것이다.

내가 팔고 있는 상품은 서적, 뉴스레터, CD, 카세트테이프, 비디오, 매뉴얼 등의 '형태가 있는 것'이나 세미나, 전화 상담, 컨설팅 등의 '형태가 없는 것'도 있다. 이와 같은 '부가가치가 높은 정보 콘텐츠 상품'을 나의 점포-정보 기업가 연구회의 홈페이지에서 직접 고객이 사도록 하는 장사를 하고 있다.

영업시간은 '24시간'으로 심야에도 상품이 팔린다. 게다가 나는 이 일을 혼자서 하고 있다.

내가 비즈니스 하는 방법은 무척 간단하다.

■ 가능성 있는 고객을 모아서
2 상품을 팔고 돈을 번다.
3 그 이익 속에서 투자한다.

이것의 반복이다. 때문에 장사는 대단히 간단하며, 누구나 쉽게 할 수 있다. 이 방법의 메리트는 이익 이외에는 어떤 자금도 투자하지 않기 때문에 절대로 적자가 나는 일이 없는 것이다.

샐러리맨은 잔업이니 뭐니 해서 할 일이 많아 늘 바쁘다. 그래서 휴일도 마음 놓고 쉴 수가 없는 실정이다. 다른 일을 할 시간 따위는 생각할 여지도 없어 보인다. 그러나 사실 쓸데없이 낭비하고 있는 시간이 많다. 출근 전이나 귀가하고 나서도 잠잘 때까지의 시간뿐만 아니라 출·퇴근 도중이나 점심시간, 동료와 한잔 마시러 갈 시간 등 시간을 유효하게 활용하면 당신도 뭔가 비즈니스를 시작할 수 있다. 하물며 인터넷을 사용하면 효율적이고 멋진 비즈니스를 간단히 만들 수 있다. '샐러리맨이기 때문에 시간이 없어서 비즈니스 찬스가 없다.'는 말은 모두 거짓말이다. 나는 그런 '자신의 시간'을 활용하여 사업을 새로 일으켰다.

즐거움! 고객의 구입 반응이 활력소가 된다

아침 7시에 일어나면 바로 컴퓨터를 켠다. 메일을 열어서 어느 정도 상품이 팔렸는가를 체크하는 것이다. 아직 사업을 새로 시작하지 않은 분은 바로 머리에 떠오르지 않을지 모르지만 상품의 주문은 의외로 심야가 많다. 개중에는 새벽녘인 3시나 4시에도 주문이 들어온다. 다시 말해서 '상품은 24시간 팔리는 것'이다.

내가 발행하고 있는 메일 매거진 독자로부터의 감상도 들어와 있다. 독자들의 뜨거운 반응에 나는 항상 격려를 받으며 즐거워한다. 메일 매거진의 구독 해제는 전용 페이지에서 메일 매거진 독자가 간단히 할 수 있지만 무료로 구독하는 메일 매거진의 해제를 모르는 분들도 많다. 또한 발행자에게 마음 쓰지 않고 언제 해제해도 상관없다. 그런데 감상을 적은 메일 중에는 '항상 메일 매거진을 기대하고 있습니다. 이번에 몸이 아파서 병원에 입원하게 되었기 때문에 잠시 동안 메일을 읽을 수 없습니다. 다시 건강해지면 구독하겠으니 잘 부탁합니다.'라는 등, 얼굴을 본 적도 없는 독자로부터 '정중한 해제 이유 메일'이 전달되는 경우도 있다. 메일 매거진을 계속 발행하는 것은 힘든 일이지만 이런 격려 메일을 읽는 순간 그 동안의 피로는 단숨에 사라진다. 앞으로도 질 높은 독자를 위한 메일 매거진을 발행하려는 마음이 생기는 것이다. 이와 같은 견실한 고생이 있기 때문에 고액의 상품을 팔아 주는 고객이 독자 중에서 많이 나오게 된다. 상품의 주문 메일이나 독자 감상 등을 본 후에 필요하면 메일을 보낸다. 질문이나 문의가 있으면 그에 따른 회신도 쓴다. 이것으로 출근 전의 업무는 끝나게 된다.(단, 30분도 채 안 걸리는 작업이다.)

__즐거움! 퇴근 후나 주말에는 정보 상품을 만든다

퇴근 후나 주말에는 '정보 상품'을 만든다. 상품은 곧 '정보'이기 때문이다. 얼마나 가치 있는 정보를 만들어 낼 수 있는가에 승부가 달린 것이다. 그래서 나는 '작업'이 아니라 '생각하는 것'에 많은 시간을 할애하고 있다. 퇴근 후나 주말을 '생각하는' 시간으로 정해 놓고 말이다. 그 하나가 메일 매거진이나 뉴스레터 등의 원고를 쓰는 것이다. 나에게 있어서 원고는 중요한 '정보 상품'의 일부다. 이렇게 나의 전문 지식이나 노하우, 아이디어를 '쓴다'는 행위를 통해서 상품화하고 있다. 때문에 '생각하는 것'이 나의 상품 개발이 되는 것이다.

그러나 나의 집에는 개인 전용 서재 같은 것은 없다. 내가 사용하고 있는 컴퓨터는 TV 소리가 들리는 거실에 있다. 그래서 기분 전환도 겸해서 느긋하게 생각할 수 있는 장소에서 원고를 쓰고 있다. 요즘 마음에 드는 장소는 지유가오카自由ヶ丘에 있는 한 카페다. 그곳의 푹신한 소파가 나의 기분을 상쾌하게 만들어 주고, 살찐 나의 몸을 감싸 주기도 하며, 커피 한잔으로 얼마든지 오랜 시간을 편히 있

을 수 있다. 사실 이 책의 원고도 그곳에서 상당 부분을 집필했다.

'쓰는 것'뿐이라면 노트북을 가지고 다닐 필요도 없다. 종이와 볼펜으로 일을 할 수 있기 때문이다. 실제로 나는 메일 매거진의 초고를 냅킨 이면에 쓰고 있다. 언제 어디서나 일을 할 수 있기 때문이다.

_즐거움! 아주 새로운 만남의 보고

이 일을 시작한 지 얼마 되지 않았음에도 불구하고 많은 사람들과의 만남을 갖게 되었다. 그 속에서 나의 사업을 지지해 주는 파트너가 몇 사람 생겼다. 비즈니스 파트너와의 협의는 거의 메일이나 전화로 마칠 수 있지만 퇴근 후나 휴일에 얼굴을 마주 보고 협의하는 경우도 있다. 그들과 만나서 새로운 사업이나 장래의 계획 등의 이야기를 나누는 시간은 정말 즐겁다. 파트너의 대부분은 나보다 열 살 정도 어린 30대의 기업가들이다. 게다가 그들은 정말 우수한 인재들이며, 새로운 센스를 가지고 있다. 물론 행동력도 탁월하다. 나와 같은 샐러리맨은 무의식중에 학력이나 근무하는 직장을 보고 사람을 판단해 버리는 경향이 있지만 그들에게서 그런 경솔함은 찾아볼 수 없기 때문이다. 경영 컨설턴트인 톰 피터즈가 '회사원으로서가 아닌 너 자신의 브랜드란 무엇인가?'하고 확신에 찬 목소리로 내게 묻지만 이미 나 또한 '한 개인'으로서 신뢰받는 기업가가 되고 싶다는 생각을 하고 있다.

3. 지혜를 판다

지금까지 나의 비즈니스의 전체상을 상상해 보았으리라 생각한다.

간단히 설명하면 내가 가지고 있는 전문 지식과 노하우를 '가치 높은 정보'라는 상품으로 바꿔서 인터넷을 사용하여 직접 고객에게 판매하는 것이다. 이른바 '지혜를 파는 장사'로 기업한 것이다. 나와 같은 기업가는 정보를 파는 기업가entrepreneur로 '정보 기업가(인포프레너)'라 불린다. 이것의 발상지인 미국에서는 이 기업 방법에 의해서 실제로 억만장자가 많이 탄생하고 있다. 다이렉트 마케팅의 대가이자 자산가이기도 한 댄 S. 케네디는 미국에서 대성한 정보 기업가의 원조로 알려져 있다. 그는 카피 라이팅 등, 우수한 전문 노하우를 판매함으로써 세미 리타이어semi retire로서 1년에 4억 엔을 벌고 있다. 인터넷 마케팅의 제1인자인 콜리 라돌은 불과 몇 명의 스태프로 연간 8억 엔이라는 돈을 일정하게 벌고 있다.

최근의 예로는 싱가포르에 사는 18세 학생이 60명의 네트 마케팅의 성공자로부터 '성공의 비결'을 듣고 자신의 지식을 가미한 전자 서적을 전 세계를 대상으로 판매하여 대성했다. 또 '가사의 여왕'이라 일컫는 미국의 카리스마 주부 마샤 스튜어트는 주부가 어떻게 하면 가사를 잘 꾸려 나갈 수 있는가를 가르쳐서 막대한 자산을 구축했다. 현재 그녀의 브랜드명인 상품도 많이 나와 있다.

해외 사람들의 이야기는 접고 국내로 눈을 돌려 보자.
사실 여러분이 알고 있는 일본인들 중에도 정보 기업가는 많이 있다. 예를 들면 와다 히데키 씨나 쿠리하라 하루미 씨. 와다 씨는 정신과 의사이면서 작가이고, 쿠리하라 씨는 요리 연구가이면서 작가로 알고 있는 사람이 대부분인데 내가 보건대 이 두 사람은 훌륭한 정보 기업가다. 왜냐하면 와다 히데키 씨는 〈어른들이 공부하는 방법〉이라는 정보를 판매하여 심리 카운슬러, 경영 컨설턴트 등 두 가지 직업에서 각기 다른 얼굴을 가지고 있다. 또한 쿠리하라 하루미 씨는 주부이면서 〈멋진 요리법〉 등의 정보를 판매하고 있으며, 탤런트, 레스토랑 경영, 세미나 개최 등 많은 일에서 두각을 나타내고 있다.

스몰 비즈니스에 종사하는 기업가들의 대부분은 '정보 기업가'를 지향하고 있다. 왜냐하면 리스크가 거의 없는데다 단기간에 억만장자가 될 가능성이 높기 때문이다.

4. 아직은 회사를 그만두지 마라

회사를 그만두고 갑자기 독립하는 것은 현명한 선택이라고 말할 수 없다. 처음부터 독립하는 것은 위험이 너무 크기 때문이다. 독립은 사이드 비즈니스와는 사정이 다르다. 당신이나 당신의 가족들이 충분히 먹고 살 수 있는 수입을 벌지 않으면 안 되기 때문이다. "샐러리맨으로서는 잘 안 되는데 독립해 볼까?"라는 안이한 마음으로는 절대 성공할 수 없다.

반면 샐러리맨으로 근무하고 있는 것도 큰 메리트가 있다. 대부분의 샐러리맨은 한계점이 있다고는 하지만 매월 수입이 안정되어 있다.(일본인 샐러리맨의 수입은 세계적으로 보면 고수준이다.) 게다가 샐러리맨이기 때문에 할 수 있는 일도 많이 있다. 큰 회사에 근무하고 있는 사람일수록 비즈니스 찬스는 클 것이다. 또한 회사에서 커리어(경력)를 쌓음으로써 당신의 노하우도 늘어난다. 회사에서 월급을 받으면서 당신은 노하우를 얻을 수 있는 것이다. 그러므로 아직 회사를 그만두지 말라고 나는 말하고 싶다. '회사를 그만두지 않고서 기업'하는 트레이닝을 해 보고 무엇이 잘 되는가, 무엇이 잘 안 되는가를 테스트하는 것이다. 매월 정확히 돈이 들어오는가, 돈이 들어와도 적자가 나지 않는지 정확히 확인한 후에 시작해도 늦지 않다. 샐러리맨 시절에 기업의 트레이닝을 정확히 해 두면 막상 본격적으로 독립해도 잘 해 나갈 수 있다. 이후에 독립해도 충분히 시간이 있는 것이다.

샐러리맨으로 근무하면서도 연 수익을 올릴 수 있는 것이 '정보 기업가'다. 실제로 나는 기업한 지 몇 개월 만에 한 달에 30만 엔의 매상이 오르게 되었다. 독자들 중에는, 앞으로 '매월 10만 엔' 정도 벌면 된다, '연간 100만 엔의 연 수익을 올리면 충분하다'는 사람들도 있을 것이다. 그런 사람은 그야말로 '정보 기업가'를 '부업'으로 하면 된다. 내가 권하는 이 방법이라면 그 정도의 돈을 버는 것은 간단하다. 부업으로써 하고 있는 사이에 본격적인 비즈니스로 발전할지도 모르기 때문이다.

2

정보 기업가로 성공할 수 있다!

1. 자신 있는 분야를 선택한다

정보 기업가란 특수한 사람이라고 생각하고 있지 않은가?

아니, 결코 그런 것은 아니다. 누구나 될 수 있다. 극히 보통의 샐러리맨인 나도 될 수 있었으니까 당신이라고 안 되라는 법은 없다.

차 세일즈맨을 예로 들어 보자.

A는 40세의 베테랑 세일즈맨이다. 조용한 성격의 A이지만 판매 대수는 전국에서 톱 랭킹이다. 매월 열 대 이상 일정하게 새 차를 팔고 있다. 게다가 그 대부분이 고객의 소개에 의한 것이다. 그 비결은 A의 독자적인 접객 방법에 있다. 그는 고객에게 차의 이야기는 일체 하지 않는다.

어떤가. 당신은 이 노하우를 알고 싶지 않은가?

이 A가 자랑하는 접객 방법을 노하우화해서 파는 것이 정보 기업가다. 나는 A에게 정보 기업가로서 수입을 올리기 위한 어드바이스를 했다. 상품 타이틀은 그것을 정통으로 '차 이야기를 하지 않아도 1년에 100대를 파는 방법'이다. 어떤 이야기를 고객과 나누는가, 주의할 점은 무엇인가, AS는 어떻게 하고 있는가, 평소의 정보 수집 방법은 어떻게 하고 있는가 등의 성공 사례를 체계화하여 파는 것이다. 상품 아이디어는 소책자나 비디오, CD 등으로 집의 컴퓨터를 사용하여 고객에게 직접 판매한다. A의 노하우를 세미나에서 이야기한 비디오가 한 개 1만 엔이라고 한다면 고객이 100명 있으면 매상은 순식간에 100만 엔이 된다. 부인의 연간 파트타임 수입과 같은 금액이다. 500명이면 500만 엔, 1,000명이면 1,000만 엔이다. 샐러리맨의 연 수익에 가까운 금액을 비디오를 파는 것으로 단숨에 벌 수 있는 것이다.

더구나 A는 회원 서비스를 시작할 수도 있다. 세일즈에 강해지고 싶은 사람을 대상으로 매월 5,000엔의 회비로 뉴스레터나 메일 매거진을 발행한다. 가령 회원이 100명이면 5,000엔×12개월×100명으로 연간 600만 엔의 매상이 이루어지는 것이다. 이 매상은 고객이 줄지 않으면 매년 확보되는 금액이다. 또한 그 회원 중에서 희망자를 대상으로 컨설팅을 행할 수도 있고, 특별 세미나를 개최할 수도 있다. 많은 돈을 낳는 나무가 된다는 것이다. 그가 자랑하는 하나의 전문 노하우인 '차 이야기를 하지 않아도 1년에 100대의 차를 파는 방법'에서 두 가지의 수입원이 잇따라 생기는 것이다. 게다가 그 전문 노하우는 지금의 직업을 통해서 획득한 것이다.

이와 같이 정보를 파는 비즈니스는 정말 즐겁다. 고객과의 신뢰관계가 점점 깊어지기 때문에 좀 더 서비스를 확실히 해 주려는 마음이 생기게 된다. 이로써 고객에게 "감사합니다"라는 말을 듣는 것이 얼마나 기쁜 일인가.

매상이 국내 제일이 아니라도 상관없다. 샐러리맨이라면 당신이 자랑할 만한 분야는 반드시 있을 것이다. 지금껏 해 온 일과 직접 관계가 없어도 상관없다. 취미도 좋고 무엇이든 상관없다. 요컨대 '당신이 이길 수 있는 정보'를 팔면 되니까. 만약 아무것도 없으면 눈앞에 있는 일을 열심히 하여 당신이 자랑할 만한 분야로 만들면 된다. 지금은 3년도 못 되어 프로가 되는 시대다. 오랫동안 수련을 쌓은 베테랑이라고 해서 '정보 기업가'가 되는 것은 아니다. 자신이 가는 길에서 프로이기만 하면 10대든 20대든 '정보 기업가'가 될 수 있는 것이다.

2. 상품 그 자체보다 정보의 가치가 높다

'정보를 판다'는 것이 도대체 어떤 것인지 아직 잘 모른다고 망설이고 있는 독자가 있을지도 모른다. 회사의 신용 정보나 돈벌이가 될 만한 주식 정보 같은 것이라면 그것이야말로 상품이 '정보'이기 때문에 확실히 팔릴지 모르지만 그것 이외에 '정보'로서 어떤 것이 팔릴 것인지 전혀 상상할 수 없다는 사람도 있을 것이다. 사실 모든 상품은 모두 정보라는 말로 바꿔 놓을 수 있다. 바꿔 말하면 모든 상품은 모두 정보로 성립된다.

상품을 파는 것은 정보를 파는 것과 결부된다. '정보를 판다'는 것은 뭔가 특별한 것을 파는 것이 아니다. 상품이 팔리고 있는 장소라면 반드시 정보도 함께 팔리는 것이다. 그러므로 '정보'로서 팔리지 않는 것은 없다.

예를 들면 슈퍼에서 생선 가게를 하는 사람은 '생선'이라는 것뿐만 아니라 '생선에 부수된 정보'를 함께 팔고 있는 것이다. 고객인 당신은 그 정보를 사고 있다. 구체적으로 당신은 매운탕 요리에 도미나 대구를 사용할 경우, 어떻게 그 생선을 선별하는가? 부인에게 맡겨 둔다? 그것도 좋을 것이다. 그러나 당신이 솜씨를 발휘하여 요리한다면 무엇을 기준으로 생선을 선택하겠는가? 값, 그 생선의 산지, 시기에 맞는 생선인가, 선도, 요리의 재료가 될 것인지 여부 등 여러 가지가 있을 것이다. 한 마리의 생선을 고르는 경우에도 어떤 선택 기준(정보)에 비추어서 생선을 사고 있을 것이다. 가격이 신경 쓰이는데 가격표가 붙어 있지 않으면 점원에게 "이 도미 얼마입니까?" 하고 물을 것이다. 산지가 마음에 걸리면 "이 도미, 어디 산입니까?" 하고 물을 것이다. 도미나 대구를 산다는 것은 이와 같이 생선의 정보도 함께 사는 것이다.

생선뿐만 아니라 가게를 선택하는 경우도 마찬가지다. 동료와 퇴근길에 한잔 마시러 가는 술집을 정했을 때 그 가게의 요리가 맛이 어떤지, 가게의 분위기는 나쁘지 않은지, 가격은 적당한가, 몇 시까지 영업을 하고 있는가, 단골인지 아닌지, 온갖 정보를 무의식중에 취득, 판단하여 가게를 선택하고 있을 것이다. 또한 비즈니스에 관한 책을 살 때, 담배를 살 때, 영어 통신 교육을 선택할 때, 집을 살 때도 사람들은 무엇이든 '정보'를 선택 기준으로 삼고 있다. 이렇듯 정보가 없으면 아무것도 사지 못하기 때문이다. 정보라는 것은 그만큼 상품과 일치하는 것이다. 즉, 온갖 상품은 '정보'로 바꿔 놓을 수 있다고 말할 수도 있다.

요즘은 어떤 일이든 서비스화나 소프트화가 요구되고 있다.

예를 들면 변호사가 육법전서를 모조리 암기하는 능력이 있는 것만으로는 시장가치가 전혀 없다. 법률 서적이나 판례는 컴퓨터에 입력해 두면 그것으로 충분하다. 컴퓨터가 오히려 더 정확히 기억해 주기 때문이다. 어떤 변호사가 유능하고 어떤 경험을 가지고 있는가 라는 기본적인 특성에다 의뢰인(고객)에게 어떤 서비스를 제공할 수 있는가, 다른 변호사가 제공할 수 없는 특별한 서비스는 무엇인가 등의 부가가치가 높은 서비스를 제공하고 있는 변호사일수록 시장 가치가 높은(많이 벌 수 있는) 시대다. 변호사 스스로 지혜를 짜내고, 아이디어를 내서 고객이 요구하는 새로운 서비스를 적극적으로 제공하고 있는 사람도 늘고 있다.

지혜나 아이디어도 정보다. 또한 소프트화된 서비스도 정보다. 그 정보에 고객은 기꺼이 돈을 지불하는 것이다. 정보 그 자체가 팔리는 것이기 때문이다. 요즘은 오히려 상품 그 자체보다 정보 쪽이 가치가 높다. 가치가 높은 정보일수록 높은 값에 팔리므로 싸게 팔 필요가 없다. 당신이 원하는 값으로 팔리기 때문이다. 그러므로 어떤 장사를 시작한다 해도 '상품 그 자체'를 파는 것이 아니라 당신의 지혜나 지식, 경험, 노하우 등의 '부가가치가 높은 정보를 판다'는 발상이 무엇보다 중요하다.

  부가가치가 높으면 고도의 전문 지식을 파는 변호사와 같은 직업인뿐만 아니라 생선 가게나 채소 가게, 미용사나 요리사, 트럭 운전기사든 누구든 '정보 기업가'가 될 수 있다.

3. 비즈니스는 세 가지 스텝으로 벌린다

정보 비즈니스는 간단히 말해서 세 가지 스텝으로 구성되어 있다. 단지 이 세 가지 스텝을 밟을 수 있으면 당신도 '정보 기업가'가 될 수 있다.

> **정보 비즈니스 세 가지 스텝 개발법(TM)**
>
> 제1 스텝 '팔리는 정보'의 발견
> ↓
> 제2 스텝 '팔리는 정보'의 패키징(상품화)
> ↓
> 제3 스텝 '팔리는 정보'의 판매

__제1 스텝 팔리는 정보의 발견

세 가지 스텝 중에서 가장 중요한 스텝이 제1 스텝(팔리는 정보의 발견)이다. 왜냐하면 정보 기업가는 '팔리는 정보'로 기업하지 않으면 성공하지 못하기 때문이다. 아무리 좋아하는 것이라도 '팔리지 않는 정보'가 상품이라면 돈이 벌리지 않는다. 그러므로 고객 쪽에서 "부디 사게 해 달라"고 부탁해 올 정도로 가치가 높은 '팔리는 정보'를 우선 찾는다는 스텝이 매우 중요하다. 당신이 좋아하는 것, 할 수 있는 것, 해 온 것 등 무엇이든 좋으니 그중에서 당신이 누구에게도 뒤지지 않는 '팔리는 정보'를 발견하는 작업에 전력을 다해야 한다.

__제2 스텝 팔리는 정보의 패키징(상품화)

'팔리는 정보의 패키징'이란 당신이 팔고 싶은 정보를 책이나 카세트테이프, 비디오, CD 등의 형태가 있는 상품으로 바꿔 놓고 상품화하는 것이다. 패키지 상품은 형태가 있는 상품만은 아니다. 세미나나 강연회도 패키지 상품이며 컨설팅 또한 패키지 상품이다. 요컨대 형태가 없는 상품도 유연하게 만들 수 있다.

바꿔 말하면 정보 비즈니스는 이와 같이 단 하나의 우수한 정보 콘텐츠만 있으면 그것을 밑천으로 많은 패키지 상품을 간단히 만들 수 있다. 다시 말해서 한 알로 충분히 맛있기 때문에 그야말로 돈을 낳는 온갖 상품으로 바꿀 수 있다.

예를 들면 뭔가를 테마로 한 대담을 녹음기에 녹취해 두면 그것을 서적이나 뉴스레터 등의 글자 정보로 바꿀 수 있고, 카세트테이프나 CD 등의 음성 정보로 바꿀 수도 있다.(실제로 나는 녹음기로 상당히 도움을 받았다.) 또 그 내용을 화제로 한 특별 세미나를 개최할 수도 있다. 최근에는 집에 있는 컴퓨터를 사용하여 간단히 카피 상품을 만들 수도 있게 되었다. CD나 카세트테이프 등은 업자에게 의뢰하지 않아도 집의 컴퓨터로 복제가 가능하다. 또한 상품뿐만 아니라 당신도 여러 가지 직업으로 변신할 수 있다. 특정한 분야의 전문가가 되면 그곳에서 파생적인 비즈니스가 잇따라 나오게 된다.

TV에서 '워킹 닥터'라고 하는 전문가가 등장하여 출연자에게 '예쁘게 걷는 법'을 가르치고 있었다. 그는 '워킹 치료 전문가'로서 걷는 것을 단순한 이동 수단으로서가 아니라 걷기를 통해서 주위를 쾌적하게, 건강하고 아름답게, 밝고 건강하게 하는 정보를 팔고 있다. '워킹'을 핵으로 파생 상품인 '다리 살빼기 전문학교(학교 경영자)', '치료 전문가 양성 세미나(세미나 강사)' 등으로 확대하고 있다.

나 자신도 샐러리맨이라는 직업 이외에 정보 기업가, 정보 비즈니스 프로듀서, 마케팅 컨설턴트, 작가, 세미나 강사라는 다채로운 얼굴을 갖게 되었다.

_제3 스텝 팔리는 정보의 판매

마지막 스텝이 '팔리는 정보의 판매'다.
당신은 어디서 당신의 정보 상품을 팔겠는가?
정보 기업가는 '자신의 홈페이지에서 패키지화된 상품을 직접 파는 것'이다. 다시 말해서 당신의 홈페이지에서 인터넷 통신 판매를 하는 것이다.

당신이 팔고 싶은 상품을 팔 수 있고, 그 가격 또한 자유롭게 책정할 수 있다. 또한 고객의 감상이나 평가 등의 리얼한 정보가 직접 손에 들어오는 등 통신 판매의 메리트는 다양하다. 다만 여기서 언급한 통신 판매는 대부분의 대기업이 고전하고 있는 EC숍(인터넷 상에 가게를 가지고 있는 서비스) 등의 네트 통신 판매와는 전혀 다르다. 그들의 홈페이지는 기업 소개에 그치고 있다. 또한 까닭을 알 수 없는 상품이 기계적으로 진열되어 있거나 마케팅이 극히 약하다. 고객의 마음을 본질적으로 이해하지 못하고 있는 것이다. 때문에 마케팅 능력이 요구된다. 그러나 까다로운 이론이나 전문 지식은 필요 없다. 단지 당신이 고객과 같은 마음이 될 수 있으면 되는 것이다. 또한 시스템에 많은 투자를 할 필요도 없다. 나는 마케팅의 전문가이지만 시스템 개발로는 아주 풋내기다. 내가 대표로 있는 연구회의 홈페이지는 시스템 회사에 위탁하여 만든 것이 아닌 내가 직접 만든 것이다. 그것도 처음 홈페이지를 만든 것이다. 그러므로 당신도 걱정할 것이 없다. 정보 콘텐츠를 판매하는 홈페이지를 '당신을 대신하는 우수한 세일즈맨'으로 반드시 바꿀 수 있다.

4. 누구나 전문가가 될 수 있다

정보 기업가의 상품인 정보란 당신의 전문 지식이나 노하우다. 다시 말해서 팔리는 상품이란 당신이 지금까지의 인생에서 비축해 온 '지혜'다. 그러나 '그런 지식이나 노하우 같은 것은 전혀 가지고 있지 않다'고 생각되는 독자가 있을지도 모른다. 그러나 걱정할 필요는 없다. 누구나 곧 전문가가 될 수 있다.

시험적으로 어떤 정보가 세상에서 팔리고 있는지 보도록 하자. 그것을 아는 가장 간단한 방법은 서점을 들여다보는 것이다. 서점은 팔리는 정보 상품의 보고다. 왜냐하면 책 그 자체가 정보이기 때문이다. 서점만 가더라도 어떤 책이 지금 팔리고 있는지 다시 말해서 어떤 테마가 붐이 되어 있는가를 곧 알 수 있다. 일단 'OO하는 방법', 'OO의 방법'이라는 노하우계의 타이틀을 쓴 책을 찾아보기 바란다. 비즈니스, 어학, 건강, 생활, 육아, 취미 등의 각 코너에서 다음과 같은 베스트셀러를 많이 발견할 수 있을 것이다.

◆ **비즈니스계**
『회의 따윈 그만둬라!-한 번도 회의를 열지 않고 일을 추진하는 방법』,
『아이디어 만드는 법』

◆ **돈벌이계**
『로버트 알렌의 실천 억만장자 입문-평생 계속되는 무한한 부를 얻는 방법』,『어려운 시대에 무리 없이 저축하는 방법』

◆ **어학계**
『영어 발음이 좋아지는 책』,『영문 전자 메일 쓰는 법』

◆ **건강, 미용계**
『3시간 숙면법-잠의 리듬을 익힌다!』,『금연 치료법!-읽기만 해도 틀림없이 금연할 수 있다』

◆ **생활계**
『슬림 생활의 힌트』,『아름답게 지내는 간단한 비누 생활』

◆ **육아, 교육계**
『갓난아이가 쌕쌕 잠자는 마법의 습관』,『기억력을 높인다-최신 뇌 과학이 말하는 기업의 구조와 단련법』

◆ **연애계**
『오늘부터 1년 이내에 베스트 파트너와 결혼하는 13가지 방법』,『조안나가 사랑하는 법-남성이 당신에게 열중하게 되는 203가지 방법』

◆ 페트계

『개가 주인을 점점 좋아하게 되는 책』

  몇 가지를 들기만 해도 이와 같은 베스트셀러를 발견할 수 있다는 사실에 착안하여 보기 바란다. 베스트셀러라는 것은 그 노하우를 사고 싶은 고객이 많이 있다는 것이다. 다시 말해서 그 노하우에는 큰 마켓이 있다는 것이다. 이와 같은 노하우가 '팔리는 지혜'다. 의외로 가까이 있는 테마가 전문 정보로서 팔리고 있다는 것을 알 수 있을 것이다. 전문 정보나 노하우란 결코 특수한 것이 아니다. 건강이나 요리 관계에서는 아직 그다지 유명해지지 않은 보통의 주부가 쓴 책이 서점에 많이 진열되어 있다. 당신이 만약 '정리를 잘하는 주부'라면 '흐리터분한 나도 30분이면 몰라볼 정도로 방이 깨끗이 정리되는 법'이라는 테마의 전문가로서 책이 팔릴 가능성이 있다.

  당신이 평소 불편하게 느끼고 있는 것에도 '팔리는 정보'가 있다. 당신이 곤란해 하고 있는 것은 남도 곤란해 하고 있기 때문이다. 그 해결 방법을 가르칠 수 있으면 '프로 전문가'가 될 수 있다. 당신이 취미로 하고 있는 것도 '팔리는 정보'가 될 수 있는 것이다.

5. 작은 규모로 성공할 수 있다

앞으로 성공의 키워드는 '스몰'이다. '작기' 때문에 성공하는 시대로 들어섰다. 또한 '작기' 때문에 약한 것이 아니라 '작기' 때문에 강한 시대가 되었다. '큰 것'은 이미 강점이 아니다.

나는 광고 대리점의 디렉터로서 많은 일을 외주하고 있는데 이른바 대기업에서 발주하는 것이 점점 줄고 있다. 큰 회사는 조직이 크고 회사로서의 신뢰감도 있지만 스피드가 느리다. 아무리 품질이 좋은 것을 제공해 준다고 해도 스피드가 느린 회사에는 아무것도 의뢰할 수 없다. 그만큼 세상의 스피드가 빨라지고 있기 때문이다. 큰 회사의 강점은 '종합력'이다. 그러나 대형 슈퍼나 백화점 등의 종합 소매점의 매상이 바람직하지 못한 상태가 계속되고 있는 것처럼 뭔가에 특수화된 팔 물건이 없는 '종합력'은 이미 시대에 뒤떨어져 있다. 때문에 필요한 것은 '전문력'이다. 그것도 초 울트라 전문력이다. 만능은 아니지만 특정한 한 분야에는 이상하게 뛰어나 있다. 그와 같은 '슈퍼 전문가'가 지금처럼 요구되는 시대는 없었다. 그러므로 '작은' 당신이라도 단 하나의 우수한 전문력을 가지면 성공할 수 있는 것이다.

또한 정보 기업가의 비즈니스 사이즈는 말할 것도 없이 '스몰 비즈니스'다. 조그만 마켓을 상대로 조그만 조직으로 장사를 한다. 때문에 위험도가 적은 것이고, 몇 번이고 다시 시도할 수 있다. 실패하면 성공할 때까지 하면 된다. 사장은 당신, 사원도 당신뿐이지만 세계를 상대로 다이내믹한 비즈니스를 전개할 수도 있다. 당신이 자신 있는 조그만 마켓에서 싸우면 세계 제패도 꿈은 아니다.

6. 자신의 숨겨진 능력을 발견하라

샐러리맨의 능력이란 무엇일까?

나는 지금도 잘 모른다. 스포츠 선수라면 야구나 축구를 잘한다, 달리기가 빠르다는 그 능력을 확실히 알 수 있다. 그러나 샐러리맨의 능력에 관해서는 무엇을 기준으로 정해야 할지 영원히 모르는 것은 아닐까 하고 생각한다. 가령 영어에 능통한 사람이라도 프로 통역사에게는 못 당할 것이고, 세일즈를 잘하는 사람이라도 담당하는 상품이 전혀 다르면 고전할 것 같다는 느낌이 든다. 우연히 운이 좋아서 실적이 올라간 시기가 있어도 매년 계속 매상을 올릴 수 있을지 매우 의문이다. 이런 일로 마이너스 사정(조사 심사하여 결정함)되고 수입이 다운이라도 된다면 정떨어질 것이다. 하물며 운도 실력의 하나라고는 생각하고 싶지 않다. 사정을 받는 쪽도 힘들지만 사정하는 쪽도 힘들다. 경리나 총무 같은 관리 업무를 맡고 있는 사람은 무엇을 가지고 능력이 높고 낮음을 평가하면 되겠는가. 내가 상사라면 정말로 난처할 것이다. 영업 사원에 비해 하고 있는 업무에 개인차가 크다고는 볼 수 없기 때문이다.

〈생활 방식이 유능한 사람〉으로 유명한 세이로카聖路加 국제병원의 이사장 히노하라 시게아키 선생은 『don't(금지)에서 let's('이렇게 하자' 라는 제안)로』를 제창하며 다음과 같이 말하고 있다.

"10대의 아이가 사람을 죽이거나 상처를 입히는 것은 이렇게 하면 안 돼, 저렇게 하면 안 돼 하고 금지 사항만 가르쳐 온 교육계의 폐해다. 때문에 'let's go. let's do.' 하고 제안하는 교육으로 바뀌면 좀 더 아이들이 생명을 소중히 하는 사회가 될 수 있는 게 아닐까."
—『사는 것이 즐거워지는 15가지 습관』

나는 그 폐해가 학교생활뿐만 아니라 회사에도 침투하고 있다는 느낌이 든다. 남을 평가할 때 그 사람의 좋은 면을 발견하려고 배려하는 마음이 아니라 뭔가 부족한 면은 없는가, 뭔가 능력이 뒤떨어져 있지 않은가 하고 마이너스 면에서 보는 경향이 강하다. 그래도 인간은 그대로 완벽하니까. 능력이 없다는 평가가 내려진 결과 당신의 인격까지 마이너스 사정된다면 견딜 수 없을 것이다. 이래서는 인간의 능력을 개화시키기보다는 파괴하게 되는 것이다.

나는 매스컴 업계의 노동조합의 일을 맡아서 한 적이 있었다. 친하게 지내고 있는 분의 부탁으로 간부에 취임했고, 조합 간부이기 때문에 노동 쟁의에 입회하는 경우도 있었다. 조합원의 보너스가 컷 당한다는 것은 그래도 나은 편이고, 어떤 조합원은 모 회사의 사정으로 근무하고 있던 회사가 없어졌다. 또 어떤 사람은 회사의 실적이 나쁘다는 이유로 감원이라는 괴로운 일을 당했다. 그와 같은 입장에 처하게 된 샐러리맨은 정말로 비참할 것이다. 아직 40대의 한창 일할 나이인데 회사에서 하라는 대로 그만두어야 하는 사람도 있었다. 당장 그만두면 지금까지 매월 받고 있던 월급도 나오지 않을 뿐만 아니라 새 직장도 바로 찾을 수 없다. 불안에 떠는 매일이 기다리고 있는 것이다. 이런 광경을 볼 때마다 나는 마음속으로 맹세했다. '회사에 의존하지 않아도 스스로 얼마든지 돈을 벌 수 있는 힘을 키우자'하고. 그러나 '자기 혼자서도 벌 수 있는 능력'이란 스스로는 의외로 모르는 법이다. 나는 '정보 기업가'가 되고 이 일을 계속하는 사이에 '자신의 숨겨진 능력'을 깨닫게 되었다. 좀 더 정확히 말하면 스스로 깨달았다기보다 고객으로부터 가르침을 받은 일이 많다. 때문에 무엇이든 상관없으니 우선 '시험해 보면 된다'는 것이다. 그렇게 하면 무엇이 자신의 능력인지 차츰 알게 되고, 이런 시험을 계속해 나가면 고객으로부터 리얼한 반응도 돌아온다.

"이런 이유로 당신의 상품을 샀다." "당신의 이런 정보에 도움을 받았다." "이런 것에 관해서 좀 더 가르쳐 주기 바란다." 등의 산 반응이 곧 돌아오는 것이다. 고객뿐만 아니다. 당신을 찬동하는 후원자도 많이 나타난다. "당신이 뛰어나기 때문에 부디 함께 일합시다." "당신이 강한 전문 분야에서 함께 상품을 개발하지 않겠습니까."라는 제안을 해 오는 비즈니스 파트너도 나타나게 되었다.

당신의 발밑을 파 보기 바란다. 샐러리맨이라면 지금의 일을 다시 한 번 재고해 보자. 당신 자신도 깨닫지 못했던 보물을 틀림없이 발견할 수 있을 것이다. 또한 '당신의 숨겨진 능력'을 많이 발견할 수 있을 것이다. 당신은 몇 년, 몇 십 년이나 그 일을 해 왔다. 무엇이 잘 되고, 무엇이 잘 안 되었는지 잘 알고 있을 것이다. 고객이 무엇을 요구하고, 무엇에 만족하였는가를 알고 있을 것이다. 그 일의 슈퍼 전문가가 되면 성공의 확률이 단연코 높아진다.

3

보통 샐러리맨은
이렇게 기업했다!

1. 수입의 격감으로 돈이 필요했다

나는 언젠가는 기업을 하겠다고 생각했지만 처음부터 '정보 기업가'가 되려고 생각했던 것은 아니다. 하물며 샐러리맨을 계속하면서 기업가로서 이렇게 빨리 성공하리라고는 생각지도 못했었다. 기업하려고 생각한 것도 기업하여 사회를 변화시켜 보겠다는 큰 뜻이 있었던 것도 아니다. 부득이 돈을 벌 필요가 있어서 기업을 한 것이다. 그러므로 '주말을 이용하여 좋아하는 일을 하면서 돈을 벌자'라는 말을 들어도 나에게는 빨리 머리에 와 닿지 않았다. 내가 좋든 나쁘든 어떻게든 수입을 올려야 한다는 강한 동기가 있었기 때문에 기업한 것이다.

나도 모든 사람들과 마찬가지로 샐러리맨이 되고 나서 지금까지 계속 앞뒤 생각 없이 덮어놓고 일만 해 왔다. 입사는 버블 경기 때인 1980년대 후반이다. 당시는 매일 일이 산더미처럼 있어서 한 달에 100시간이 넘는 잔업을 당연한 것처럼 하고 있었다. 심야 잔업도 항상 있는 일이었다. 심할 때는 새벽 2시가 다 돼서 퇴근을 한 적도 있었다. 그런 새벽에는 가게도 모두 닫혀 있기 때문에 저녁은 회사 가까이 있는 식당에서 소고기덮밥이나 포장마차의 라면으로 끼니를 때웠다. 그리고 택시를 타고 고속도로를 달려서 집에 도착하는 것이 새벽 3시가 지나서였다. 이후에는 목욕하고 잠을 잔다. 아침 7시에 일어나서 잠이 덜 깬 눈을 비비며 만원 전차에 올라 다시 출근한다. 회사에서는 몸이 휘청거렸고 피로에 지쳐서 한때는 언어 장애를 일으킨 적도 있었다. 말하려고 해도 '아' 소리나 '우' 소리밖에 나오지 않았다.(곧 회복되기는 했지만) 정말 당황스러운 경험이었다. 그와 같은 생활을 몇 년이나 되풀이하고 있었다. 당연히 토요일, 일요일도 거의 매일 출근을 했다. 휴일에 가족과 여유 있게 외출한 기억 따위는 거의 없었다. 그때는 몸에 채찍질하면서 일하는 것이 '샐러리맨의 귀감'이라 생각하고 있었고, '가족을 희생하면서 분발'하는 것이 '가족을 위하는 길'이라고 진심으로 믿고 있었기 때문이다. 25세 때는 아이가 있었고 양친도 이미 타계하여 없었기 때문에 자신의 힘만으로 꾸려 나갈 수밖에 없었다. 잔업은 괴로웠지만 그만큼 수당이 나왔고 월급도 매년 오르고 있었다. 게다가 그런 강행군이 때로는 근사하다는 생각마저 갖게 했다. '나는 24시간 싸우고 있는 우수한 비즈니스맨이다.'라는 긍지마저 느끼고 있었다. 때문에 장래의 불안 같은 것은 조금도 없었다. 그런데 얼마 안 되어 거품은 터지고 버블 경제가 붕괴되었다. 그로부터 경제가 계속 저미 상태로 접어든 것이 지금까지 밝은 조짐이 보이지 않는다. 매년 오르고 있던 월급도 한계점에 달하게 되었다. 보너스도 실적이 나쁘면 당장에 컷 당하기 일쑤였다. 계속 오르고 있던 연 수익이 다운하는 시대로 들어선 것이다. '연 수익 300만 엔'에 현실감을 느끼게 되었다. 그때부터 나의 생활도 단숨에 고통스러워졌다. 수입이 감소된 것만큼 지출을 줄이면 문제는 없지만 그것도 간단하지 않은 문제였다. 주택 대부금도 여전히 남아 있는 상태에서 울며 겨자 먹기로 차를 팔아 치우고 말았다. 그러나 지출은 점점 늘어나기만 했다. 저축도 이미 바닥을 드러냈고, 아이는 점점 커 가며 교육비로 가계를 압박해 왔다.

"돈이 터무니없이 부족하다. 어떻게 하면 될까?"
앞날이 캄캄했다!

당시 나에게는 자력으로 돈을 벌 능력이 전혀 없었다. 계속 회사에 의존해서 살아왔고 돈은 회사에서 주는 것을 받는다는 의식밖에 없었다. 하물며 샐러리맨 이외의 일로 돈을 벌 방법이란 생각도 하지 못했다. 전직해도 연 수익이 올라간다는 보장도 없었을 뿐만 아니라 하고 싶지 않은 일이나 경험한 적도 없는 일을 해야 할 가능성도 높았다. 또한 새로운 직장에서의 인간관계도 불안했다. 해

외자본계의 회사라면 연봉이 많은 회사도 있기 때문에 실적을 올리면 상당한 연 수익을 기대할 수 있을지 모른다는 생각이 들었다. 그러나 나는 영어 실력이 형편없었다. 사전을 한쪽 손에 들고 겨우 영어 문장을 해석할 정도여서 외국인이 길을 물어도 도망칠 정도였다. 때문에 해외자본계 회사로의 전직은 애당초 무리였다. 게다가 나는 벌써 40대다. 좋은 조건으로 전직할 수 있는 가망도 거의 없었고, 부업으로도 아르바이트 같은 일밖에는 없었다. 그 무렵, 잘 아는 경영자가 자금을 댈 테니 회사를 만들어 보지 않겠느냐는 제안을 해 왔다. 기뻐서 날아갈 것 같은 기분이었다. 그것도 사장이었다. 너무 기뻐서 친한 친구들에게 '이번에 사장이 될 테니까' 하고 여기저기 전화를 걸기도 했다. 그런데 막상 사업 계획서를 만들어 보고 오싹했다. 매월 돈이 들어올 흐름이 보이지 않았다. 우선 인터넷 서비스를 메인 상품으로 하려고 생각하고 있었는데 누구에게 팔아야 할지 전혀 가늠할 수 없었다. 매상 목표를 먼저 결정하고 필요한 고객의 인원수를 계산해 보았지만 필요로 하는 고객의 인원이 탁상에서도 확보할 수 없다는 것을 알게 된 것이다. 고객이 없으면 회사를 유지할 수 없다는 것을 마음속으로 이해할 수 있었다. 그렇게 이 일은 무산되고 말았다.

그렇다면 나머지는 스스로 비즈니스를 시작하는 일밖에 없다. 그러나 자금도 없었고 위험부담을 무릅쓸 수도 없었다. 때문에 회사를 그만두지 않아도 기업할 수 있는 방법을 모색해야 했다. 그리고 생각해 낸 방법이 이 '정보 기업가'였다.

2. 자신이 할 수 있는 것으로서의 기업을 모색했다

그야말로 처음에는 감으로 모든 것을 찾을 수밖에 없는 상태였다. 어쨌든 무엇이라도 해 볼 수밖에 없다고 생각했다. 그래서 집에서 컴퓨터를 이용하여 기업할 수 있는 방법을 여러 가지로 검토했다. 예를 들면 인터넷 서점인 북 오프book off(전자 서점의 사이트 이름) 등에서 책을 싸게 사면 매입 원가가 싸게 먹힌다. 그것을 팔면 되지 않을까라는. 언뜻 보기에 좋은 아이디어로 보였다. 그런데 나에게는 그것을 사러 갈 시간이 확보되지 않았다. 평일에는 잔업이 있어서 어느 곳이든 움직일 수가 없었다. 겨우 시간을 내서 주말에 북 오프에 간 적도 있지만 잘 팔리는 책이나 인기 상품을 모르기 때문에 무엇을 사들여야 할지 가늠할 수가 없었다. 게다가 실세 가격도 모르기 때문에 매입해 봤자 얼마에 팔면 벌이가 될지 판단이 서지 않았다. 또한 치명적인 문제도 있었다. 매입한 책을 놓아둘 장소가 우리 집에는 없었다. 때문에 인터넷 서점은 바로 체념했다.

인터넷의 세계에서는 유행을 따르지 않는 성인 전용 비즈니스를 검토한 일도 있었다. 인기 있는 성인용 사이트를 보면 알 수 있지만 액세스 수가 터무니없었다. 보통 비즈니스 사이트의 몇 십 배, 몇 백 배나 액세스하고 있는 거대한 마켓이었다. 그래서 성인용은 간단히 벌이가 되리라 생각했다. 내용이 진한 음란물로 하면 중독된 팬도 많기 때문에 단골손님도 생길 것 같았다. 그러나 막상 하려고 하니 인기 성인용 사이트는 상당히 연구하여 만들어져 있다는 것을 알게 되었고, 대규모적인 시스템 투자도 하고 있었다. 또한 고객에 대한 AS도 착실히 하고 있었다. 개중에는 유명한 대기업이 경영하고 있는 곳도 있었다. 이래서는 나와 같은 개인으로 번거롭게 싸우는 것은 무리라고 판단했다. 게다가 역시 이미지가 나빴다. 딸이 친구로부터 "네 아빠 무슨 일을 하고 있니?"라는 질문을 받았을 때 "아빠는 진한 음란물을 팔고 있다."라는 말은 역시 듣고 싶지 않았다. 그밖에도 네트워크로 장사할 수 있는 방법을 많이 검토했지만 모두 어울리지 않았다. 뭔가 취미가 있으면 그것에 관한 상품을 네트워크로 팔 수 있었겠지만 내게는 그런 것이 없었다. 그래서 나는 우선 '내가 무엇을 할 수 있을까' 하고 차분히 생각했다.

나의 전문은 '마케팅'이다. 대기업을 상대로 많은 상품을 만들어 냈고 파는 방법이나 광고에 대해서도 자세히 알고 있으며, 컨설팅도 할 수 있다. 게다가 통신 판매 등 다이렉트 마케팅에도 정통하다. 나는 이 노하우를 활용하여 기업할 수 없을까 하고 생각했다. 더구나 나는 연간 수백 권의 책은 족히 보고 있다. 그것도 마케팅 등의 비즈니스에 관한 책뿐만 아니라 자기 계발, 철학, 과학, 종교 나아가서는 상업성을 무시한 전위 예술이나 실험 예술 풍조를 띤 책 등 장르를 불문하고 여러 방면에 걸쳐 책을 읽었다. 또한 양서도 읽고 있다. 다시 말해서 '막대한 정보'가 내 머릿속에 입력되어 있는 것이다. 그리고 근무처가 광고 대리점이기 때문에 무엇이 앞으로의 트렌드가 될 것인지, 또 어떤 것이 팔릴 것인지 항상 생각하는 버릇이 있었다. 때문에 나는 '앞으로의 시대에 맞는 비즈니스'로 기업하려고 생각했다. 지금의 트렌드를 보면 젊은 층들뿐만 아니라 중·노년층에서도 보통 휴대전화 메일을 사용하고 있다. 세상에는 내용이 없는 시시한 책이 범람하고, 요즘 사람은 책을 읽지 않게 되었다고 떠들어 대고 있지만 세계적으로 보면 일본인은 오히려 '책을 좋아하는' 국민이다. 홈페이지도 기본 언어는 활자다. '글씨를 쓰는 것'이라면 기획서를 쓰는 것이 나의 일이기 때문에 그다지 어렵다고 느끼지 않았다. 때문에 나는 '글자를 파는 장사'로 기업하려고 결심하게 된 것이다.

3. 구애됨 없이 간단하게 시작했다

내가 할 수 있는 '마케팅'과 '막대한 정보'를 활용하는 것은 무엇인가를 생각하고 우선 '메일 매거진을 쓰는 것'부터 시작했다. 메일 매거진이라면 컴퓨터와 기사가 되는 노하우만 있으면 돈도 들이지 않고 집에서 구애됨 없이 간단히 시작할 수 있었다. 게다가 메일 매거진의 콘텐츠는 글자가 기본이고 무료 구독이기 때문에 발행하는 측의 기분도 편했다. 또한 쓰고 싶은 것을 마음대로 쓸 수 있었다. 그리고 힘들어지면 언제든지 그만둘 수도 있었다. 만약 구독이 유료라면 돈을 지불하는 독자에 대한 책임이 느껴져서 시작할 수 없었을지도 모른다. 이와 관련해서 메일 매거진은 일본 최대의 '마그마그(일본의 메일 매거진 이름)'만해도 이용자가 연 26,000명이나 되며 이 이용자의 수는 매년 확대되고 있다. 컴퓨터뿐만 아니라 휴대전화 전용 메일 매거진도 있다. 때문에 메일 매거진은 싼 가격으로 대량의 독자에게 정보를 발신할 수 있는 가장 적절한 도구였다. 또한 개인 비즈니스를 시작하려면 당연히 이것을 이용하게 되는 것이다.

　게다가 누군가에게 '나의 사고방식'을 평가받고 싶었다. 그러나 회사의 업무에서는 여러 가지로 제약을 받는다. 때로는 내 본심과는 다른 사고방식을 거래처에 제안하지 않을 수 없는 경우도 있다. '나의 사고방식'이 아니라 '회사의 사고방식'을 우선하기 때문이다. 어느 쪽이 옳고 어느 쪽의 사고방식이 잘못되었다는 것은 아니다. 다만 샐러리맨의 입장에서 볼 때 '나의 사고방식'을 누군가에게 제안하는 것은 매우 어렵다. 하물며 '나의 사고방식'을 팔아서 돈을 버는 경험은 거의 할 수 없다. 그런 욕구불만의 배출구로서도 메일 매거진은 가장 적절했다. 그렇지만 메일 매거진의 발행에 대해서는 가족에게 말하지 않았다. 가족의 누구도 메일 매거진이라는 것을 읽은 적이 없었고, 네트 버블 붕괴가 빈번히 뉴스로 보도되고 있었기 때문에 메일 매거진을 계기로 돈을 벌 수 있게 되리라고는 아무도 생각지 않았다. 이 일을 하고 있는 나 자신도 기업하고 있다는 의식이 전혀 없었던 것이다. 단지 '자신의 생각'을 '글자로 적는 것'밖에 할 수 없었다. 때문에 심야까지 묵묵히 컴퓨터를 향해 앉아 있는 나를 보고 아내는 '이상한 것을 시작했다'고 생각한 모양이다.(지금도 이상한 것을 하고 있다고 생각하고 있다.)

　발행 초에는 정말 힘들었다. 무엇부터 손을 대야 할지 전혀 알 수 없었다. 그래서 메일 매거진 입문서와 같은 책을 닥치는 대로 많이 읽기 시작했다. 그러나 아무리 책을 읽어도 실제 어떤 메일 매거진을 쓰면 인기가 있고, 어떻게 하면 돈을 벌 수 있다는 것인지는 씌어 있지 않았다. 스스로 궁리하여 진행해 나갈 수밖에 없는 상황이었다. 이때 내게 메일 매거진에 대해 가르쳐 준 사람이 바로 메일 매거진 컨설턴트인 히라노 토모로 씨(SCP 대표 http://www.sc-p.jp)였다. 우연히 그가 판매하고 있던 비디오를 내가 구입한 것을 인연으로 초심자인 나에게 메일 매거진 발행 방법을 알기 쉽게 설명해 주었다. 바로 산 교과서였다. 그 후로도 내가 좌절을 거듭할 때마다 몇 번이나 격려해 주었다. 그의 존재가 없었다면 나는 메일 매거진의 발행을 포기했을지도 모른다.

4. 해 보고 싶은 것과 자신 있는 것의 두 가지 테마를 설정했다

메일 매거진을 발행하려면 우선 '테마'를 설정해야 한다. 갑자기 메일 매거진의 타이틀을 생각하는 사람도 있는 모양이지만 정보로서 발신하고 싶은 '자신의 테마'를 차분히 검토한 후에 타이틀을 생각해야 한다. 이 타이틀은 나중에 몇 번이라도 수정할 수 있기 때문이다. 나는 두 개의 테마를 생각했다. 하나는 '하고 싶었던' 정보 기업가라는 기업 스타일, 또 하나는 '자신 있는 것'이었던 '마케팅'이었다. 사실 정보 기업가를 테마로 한 메일 매거진만을 발행할 예정이었는데 보험에 든 전문 분야인 '마케팅'의 메일 매거진도 동시에 발행했다. 정보 기업가라는 기업 스타일은 내가 메일 매거진을 발행하기 전까지는 거의 알려지지 않았고, 독자에게 전혀 받아들여지지 않을 가능성이 높았기 때문이다. 두 개의 매거진을 발행해도 한 개의 매거진이 살아남으면 된다는 식의 *리스크 헤지risk hedge 발상이었다.(나는 너무 소심한 성격이어서 보험에 가입하는 것을 좋아한다. 샐러리맨으로 있으면서 기업한 것도 '보험'의 일종이다.)

정보 기업가의 원어인 인포프레너infopreneurs라는 말은 1985년 미국에서 쓰이게 되었다. 인터넷이 생기기 전이기 때문에 개념 자체는 결코 새로운 것이 아니다. 그 후, 미국에서 고속, 대용량의 인터넷이 가정에 보급됨에 따라 자신의 지식이나 노하우 등의 정보 콘텐츠를 카세트테이프나 비디오 등의 패키지 상품으로 만들어 자신의 홈페이지를 이용하여 직접 고객에게 판매하는 방법이 침투하게 되었다. 게다가 기술이 진화되어 콘텐츠 그 자체를 홈페이지에서 직접 다운로드하게 할 수 있게 되었다. 이 방법을 취하면 상품을 발송할 필요도 없고 코스트도 들지 않는다. 집에 있으면서 전세계에 판매가 가능한 것이다. 상품을 만드는 것도 간단하고 파는 것도 간단한 장점들뿐이었다. 때문에 미국에서는 홈페이지를 이용하여 재택 비즈니스를 행하고 있는 정보 기업가가 점점 늘어났다. 현재 미국에서는 이와 같은 스몰 비즈니스가 당연한 기업起業 방법으로 구축되고 있다. 그러나 일본에서는 아직 정보 기업가라는 말 자체도 그다지 알려지지 않았고 정확한 정의도 내려지지 않은 상태이다. 보통 기업가와 정보 기업가의 구별도 되지 않는다는

---

*리스크 헤지risk hedge : ① 상품, 주식, 외국환의 거래에서 사는 사람의 값이 내리는 손해나 사는 사람의 값이 오르는 손해를 방지하기 위해 반대 공매(空賣), 공매(空買)를 하는 보험적 조작. ② 거래소에서 증거금을 추가하여 매매를 계속하는 일.

것이 사실일 것이다. 물론 일본에도 많은 정보 기업가가 있다. 다만 그 사람들이 정보 기업가라 불리고 있지 않을 뿐이다.

당신도 정보 기업가가 될 수 있다. 학력이나 연령, 성별은 관계 없다. 세일즈맨도, 드라이버도, 미용사도, 어부도 누구나 될 수 있다. 그러나 그 사실을 알고 있는 사람은 유감스럽게도 거의 없다. 때문에 나는 정보 기업가라는 말이나 개념을 많은 사람들에게 전달하고 싶어서 메일 매거진을 발행했다. 나는 직업상 정보를 제작하는 일에 정통하다. 상품인 광고가 정보 그 자체이기 때문이다. 또한 정보 기업가는 마케팅, 특히 *다이렉트 마케팅의 지식이 있으면 강하다. 나는 그 전문 노하우를 가지고 있었던 것이다.

'테마' 다음에는 타이틀 결정이다. 메일 매거진 발행 스탠드(매장)인 〈마그마그〉에서는 창간호를 발행하기 전에 독자에게 신착 메일 매거진을 소개한다. 그때 독자 수를 늘리는 열쇠가 되는 것이 타이틀과 소개문, 그리고 메일 매거진 견본이다.

특히 타이틀은 중요하기 때문에 충분한 시간을 들여 생각해야 한다. 타이틀에 임팩트(강한 영향이나 인상)나 놀라움, 새로운 것이 없으면 독자는 그 메일 매거진을 구독하려고 하지 않기 때문이다. 나

---

*다이렉트 마케팅 : 종래의 광고, 판매보다도 직접적으로 소비자에게 광고, 판매를 하는 활동. 다이렉트 메일에 의한 광고, 통신 판매 등.

는 몇 십 개나 타이틀 후보를 생각하고 검토했다. 또한 발행 부수가 상위를 차지하고 있는 다른 메일 매거진의 타이틀을 연구하고 서점에 가서 판매 책임자나 점장에게 어떤 책이 팔리고 있는가를 물어보기도 했다. 그와 같은 작업을 통해서 타이틀로 사용할 '매력적인 *키워드'를 빼내서 타이틀을 결정해 나갔다. 그렇게 하여 겨우 두 가지(두 개의 메일 매거진) 타이틀이 정해졌다. 마케팅 계통의 메일 매거진은 「실수투성이의 마케팅 〈원숭이에게서도 득을 보는 신법칙〉」으로 정했다. 누구나 간단히 이해할 수 있는 쉬운 마케팅으로 하고 싶었다는 것과 오리지널 시점을 소개하고 싶었기 때문이다. 또 하나는 「퇴근 후 돈 버는 1인 기업하기」로 정했다. '회사를 그만두지 않고 기업을 할 수 있다'는 메리트와 대성하면 큰 부자가 될 가능성도 숨겨져 있다는 것을 독자에게 전달하고 싶었기 때문이다. 실제로 미국에서는 자금 1만 엔으로 시작하여 억만장자가 된 정보 기업가가 많이 있다.

---

*키워드 : 정보 검색에서 데이터를 불러올 때의 색인이 되는 단어 또는 기호.

5. 시행착오 끝에 홈페이지를 구축했다

메일 매거진 발행 준비를 진행하면서 홈페이지 작성에 착수했다. 다만 본격적인 홈페이지를 만든 것은 태어나서 처음이었기 때문에 망설여지는 것들뿐이었다. 처음에는 어떤 소프트웨어로 만들어야 할지 모른다. 홈페이지를 만드는 법을 가르쳐 주는 책에는 '홈페이지 빌더builder 등(덧말)'(우리나라에는 「나모 웹에디터」 등이 있음)이라고 써 있어서 초심자는 이 말에 속게 된다. 그밖에도 싸고 좋은 소프트웨어가 있는 것처럼 착각해 버리는 것이다. 결국 가장 많이 사용하는 것이 홈페이지 빌더라는 것을 알고 이 소프트웨어를 사용하여 더듬어 가면서 홈페이지를 작성하기로 했다. 렌털 서버 회사를 정하는 것도 약간 고생이다. 가격이나 서비스 등을 비교 검토하여 겨우 결정하였다. 연간 렌털 비용은 수만 엔 정도로 지금 생각해 보면 대단한 금액은 아니지만, 당시는 어떻게든 조금이라도 싼 회사와 계약하고 싶었다. 하지만 지금의 나라면 비용을 중시하는 것이 아니라 종합적인 서비스로 선택했을 것이다. 그리고 오리지널 도메인(http://www.1speedmarketing.com)도 취득. 오리지널 도메인은 세계에 하나밖에 없다. 도메인을 취득하면 이상하게 들떠서 결국 본격적인 비즈니스를 개시하게 되었다는 기분이 들었던 것으로 기억하고 있다. 반성하고 있는 점은 도메인이 너무 길다는 것. 좀 더 짧은 것으로 하면 좋았을 텐데 하고 생각하고 있다.(다만 애착이 있고 이 이름이 제법 알려져 있기 때문에 다른 도메인으로 바꿀 수 없다.)

몇 페이지 정도의 홈페이지를 만드는 것만 해도 처음에는 정말 많은 시간을 빼앗긴다. 며칠이나 거의 새벽녘까지 작업을 했다. 솔직히 말해서 몇 번이나 내팽개치고 싶었다. 무엇 때문에 이 정도의 홈페이지를 간단히 만들 수 없는가 하고 화도 났다. 또한 애써 만든 홈페이지가 잘 *업로드upload 되지 않았다. 그 원인을 모를 때는 울고 싶었다. 대체 실패의 원인은 단순한 것인데 어떻게 실패 원인을 찾아내면 좋을지 짐작이 가지 않았다. 어떻게 하다가 겨우 한 가지 장해를 해결하여 안도의 숨을 쉬는 것도 잠시 또 좌절하고 말았다. 그렇게 반복했다. 끈기가 필요한 작업이었다. 많은 사람들은 여기서 체념하고 말 것이다. 안타깝게도.

---

*업로드upload : 인터넷에서 미리 작성해 둔 일정한 데이터를 단말에서 호스트(고객) 컴퓨터로 전송하는 것.

나는 당초 내 상품을 팔 목적으로 홈페이지를 만든 것은 아니다. 단지 메일 매거진의 견본을 게재하는 것이 목적이었다. 상품의 판매가 아니라 메일 매거진의 독자를 획득하기 위한 홈페이지였다. 때문에 만든 것은 극히 심플했다. 문자(텍스트)가 중심으로 화상도 거의 없었다. 대기업에 있을 것 같은 '무엇이든 있다'는 사이트가 아니었고, 페이지 수도 적었다. 말 그대로 보는 사람이 스트레스를 느끼지 않을 '가벼운 사이트'였다. 당초는 링크 사이트도 만들지 않았다. 그러나 이와 같은 목적을 축소한 스트레스 받지 않는 홈페이지가 성공하는 방법이라는 것을 실제 체험하여 알게 되었다.

6. 어플리에이트affiliate 프로그램에 도전했다

그러나 메일 매거진 견본을 홈페이지로 소개하는 것만으로는 콘텐츠가 빈약하다는 느낌이 들었다. 게다가 렌털 서버 비용이나 액세스 해석 비용 등의 코스트도 회수하고 싶었다. 그 해결책으로서 일반적인 '어플리에이트 프로그램'을 테스트해 보기로 했다. 처음 듣는 사람도 있을지 모르지만 어플리에이트 프로그램이란 '제휴 판매 프로그램'을 말한다. 내가 소개한 상품이 팔리면 중개자인 나에게도 보수(판매 수수료)가 들어오는 시스템이다.

우선 인터넷 서점인 아마존의 어플리에이트 프로그램을 사용한 서적 판매에 도전해 보았다. 연간 수백 권의 비즈니스 서적을 보아온 나는 정보 기업가나 마케팅의 테마에 맞는 것을 추천하는 비즈니스 서적을 메일 매거진으로 소개해 보았다. 아마존의 경우내가 메일 매거진이나 홈페이지로 소개한 책이 아마존의 어플리에이트 프로그램을 통해서 팔리면 일정한 보수(판매 수수료)가 들어오게 된다. 아마존이 이렇게 단기간에 세계 최대의 인터넷 서점으로서 대성한 것도 이 어플리에이트 프로그램에 의한 면이 크다. 스스로 직접 판매하는 채널을 갖지 않아도 막대한 제휴처가 자신의 사이트에서 서적을 팔아 준다. 상품을 파는 측(아마존)으로서는 이만큼 효율적인 판매 수법은 없다. 팔린 것만큼의 마진을 지불하는 것뿐이기 때문에 광고비 등 쓸데없는 비용이 거의 들지 않는다. 잘 생각한 구조다. 실제로 나는 아마존의 어플리에이트 프로그램을 사용하여 매월 백 권 정도의 책을 팔고 있다.

이후에 아마존 이외의 어플리에이트 프로그램도 실험해 보았다.

A8 네트나 밸류코머스, 밸류클릭 등이 그런 회사이며, 제휴 판매하는 상품을 자유롭게 고를 수 있다는 것이 이용하는 측의 메리트다. 매상에 따라서 보수가 들어올 뿐만 아니라 클릭 회수나 메일 매거진 회원 등록, 앙케트에 대한 회답 등의 정보가 들어와서 보수가 발생되는 것도 있다. 다만 이들 어플리에이트 프로그램은 나로서는 그다지 메리트가 없었다. 마진이 높다고 눈이 어두워져서 고액의 렌털 서버나 소비자 금융, 건강식품 등을 시험적으로 판매해 보는 것도 있다. 개중에는 정말로 좋은 상품도 있어서 정중한 추천서까지 써서 메일 매거진이나 홈페이지로 소개해 보았지만 전혀 팔리지 않았다. 당연한 것이지만 마케팅이나 정보 기업가의 테마와 무관한 상품을 팔려고 해 봤자 팔릴 리가 없다. '테마와 일관성

(모순이 없는 것)'이 극히 중요하다는 것을 통감했다.

아마존 등으로 대표되는 일반적인 어플리에이트 프로그램의 이용 방법은 매우 간단하고 돈도 들지 않는다. 때문에 소액의 부업이나 용돈 벌기에는 적합하다. 1회의 판매 수수료는 적지만 잘 이용하면 매월 수만 엔은 확실히 벌린다. 테마를 좁혀서 홈페이지를 만들어서 그 테마에 맞는 상품을 A8 네트 등에서 선택해 나가면 된다. 이용자 중에는 매월 수십만 엔을 버는 슈퍼 주부도 있다.

일반적인 어플리에이트 프로그램은 누구나 편히 이용할 수 있지만 최대 결점은 자신이 '남의 상품의 일개 대리점에 불과하다'는 것이다. 판매 대리점인 이상 애당초 보수액이 너무 적어도 벌이가 안 된다. 그 대부분은 매상의 3~5퍼센트 정도가 이쪽이 받는 몫이기 때문이다. 또 액세스 해석이나 응답 분석도 할 수 없고 그렇게 되면 다음 효과적인 액션을 할 수 없다. 하물며 그 상품을 어떻게든 팔고 싶다는 정열도 생기지 않는다. 이것은 큰 마이너스 점이다. 용돈 벌기 정도라면 문제는 없지만 본격적인 비즈니스로 하려면 애당초 무리가 있다는 것을 알았다. 어플리에이트 프로그램을 이용할 때 내가 곰곰이 생각한 것은 구입한 고객의 정보를 자동적으로 수집할 수 있는 시스템을 만드는 것이다. 상품이 팔리는 것과 동시에 구입한 고객의 주소, 연령, 직업, 직책 등의 고객 정보가 나의 메일에 자동적으로 날아 들어온다. 때문에 24시간 365일 리얼타임 real time으로 팔리는 상태를 체크할 수 있다. 리스펀스 response 분석 같은 것도 섬세히 했다. 게재된 광고 내용, 게재 장소의 클릭 수, 구입 수, 구입율, CPO(한 건 주문 당 코스트) 등을 섬세히 분석하는 것이다. 그 분석을 신중하게 하면 다음의 효과적인 액션 플랜(행동 계획)을 실행할 수 있다. 플랜(가설 설정)→두(실행)→체크(검증)를 반복하여 액션 플랜의 정밀도를 높여 가는 것이 비즈니스에서는 대단히 중요하다.

7. 돈의 흐름이 생겼다

창간호를 대체로 몇 사람이 구독해 줄 것인가가 나의 최대 관심사였다. 상호 광고나 광고 투입 등의 장치를 하지 않고 낸 창간호이기 때문에 어느 정도 독자가 없으면 그 메일 매거진의 장래는 어둡기 때문이다.

행운이랄까, 메일 매거진「퇴근 후 돈 버는 1인 기업하기」는 마그마그 신착 메일 매거진(창간호)에서 베스트 10의 6위에 랭크인 되었다. 타이틀과 소개문, 견본의 힘만으로 아무 판촉도 하지 않고서 랭크인 된 것이다. 나의 메일 매거진보다 랭크가 상위인 메일 매거진은 컴퓨터 관계와 영어 계통이었기 때문에 순수한 비즈니스 관계 메일 매거진으로서는 나의 메일 매거진이 사실상 톱이었다. 이것으로 '제법 쓸만하다!'라는 반응을 얻었다. 많은 독자가 이 새 테마(정보 기업가)에 관심을 가져 준 것이다. '퇴근 후 돈 버는 1인 기업하기'라는 키워드에 임팩트(강한 인상)가 있어서 매력적이었다는 것도 랭크인 할 수 있었던 큰 이유의 하나다.

 이 「퇴근 후 돈 버는 1인 기업하기」의 창간 직후 독자로부터 많은 메일을 받았다. 그 대부분은 호의적인 것이었다.
 "언젠가 정보 기업가의 메일 매거진이 발행되리라 생각하고 있었습니다." "드디어 나왔군요. 기다리고 있었습니다!" "정보 비즈니스는 어떤 중소기업이든 지향해야 합니다." 등. 독자는 이 메일 매거진에 큰 기대를 가져 주었다.

 한편 「실수투성이의 마케팅 〈원숭이에게서도 득을 보는 신 법칙〉」도 "심플하고 알기 쉽다." "마케팅 관계의 메일 매거진으로서는 넘버원." "이것을 계기로 지금까지 몰랐던 것을 알게 되었다!" 등의 반가운 감상을 보내왔다. 이 테마(마케팅)도 독자가 받아들여 준 것이다.

 메일 매거진을 발행하는 것만이라면 누구나 할 수 있다. 그러나 나의 목적은 메일 매거진의 발행을 통해서 '돈을 낳는 구조'를 만드는 데 있었다. 그러나 어떻게 하면 좋을지 아직 이때는 몰랐기 때문에 오로지 매주 메일 매거진으로 '나의 메시지'를 발신하고 있었다. 얼굴이 보이지 않는 독자에게 메일 매거진을 매주 쓰는 것은 정말 힘든 일이었다. 하물며 나는 취미나 자선사업으로 메일 매거진을 쓰고 있는 것이 아니었기 때문에 비즈니스로서 돈을 벌지 못하면 실패한다는 부담이 컸다. 신착 메일 매거진에서 베스트 10에 랭킹된 인기 메일 매거진이라 해도 바로 광고비 같은 것이 들어오는 것도 아니다. 여전히 가족들은 메일 매거진을 불신했다. 돈 한 푼도 벌지 않고 있는 상태로 '기업하고 있다'라는 것은 부끄러워서 말할 수 없었다. 솔직히 말해서 '메일 매거진을 발행하는 것을 그만둘까' 하고 몇 번이나 생각했다. 그만두는 것은 간단했지만 좀 더 분발해 보자하고 그때마다 생각을 돌렸다.

창간한 지 3개월이 지나자 독자로부터 "재미있습니다." "쇼크를 받았습니다." "좀 더 가르쳐 주십시오." "회사의 홈페이지에 인용해 쓰고 싶으니 허가해 주십시오."라는 따뜻한 감상과 격려의 메일이 잇따라 날아오게 되었다. 독자로부터 날아온 메일을 읽을 때마다 나의 피곤함은 풀리고, 하고자 하는 의욕이 솟아났다. '메일 매거진으로 돈을 번다는 것은 뒤로 미루자. 독자에게 도움이 되는 질 높은 정보를 좀 더 발신해 나가자' 이런 기분으로 변하고 있었던 것을 기억하고 있다. 정말로 독자가 알고 싶은 정보란 무엇일까, 그것을 상세히 조사하기 위해 독자 앙케트도 해 보았다. 이때는 400명의 독자들로부터 정중한 회답을 받을 수 있었다. 정말 감사한 일이다.

독자도 잇따라 늘어서 창간한 지 불과 3개월 만에 3만 부(두 개지 합계)를 돌파했다. 이 무렵부터다. 대망의 '광고비'가 들어오게 되었다.

　기업한 지 불과 몇 개월 만에 '돈의 흐름'이 생긴 것이다. 지금까지 월급을 받은 경험밖에 없었던 나이지만 처음 '자신의 힘으로 벌고 있다!'라는 실감을 할 수 있게 되었다. 이것은 샐러리맨인 나로서는 충격적인 체험이었다. 월급 이외의 '수입원'이 생긴 것이다. 또한 나중에 알게 된 것이지만 광고를 의뢰하는 고객은 사실상 나의 메일 매거진의 팬이 많았다. 독자 수가 많은 메일 매거진이라고 해서 광고를 의뢰하는 것도 아니다. 정보를 발신하고 있는 '내용'을 평가해 주었다는 것이다.

8. 하나의 정보가 또 다른 정보가 되어 돌아왔다

내가 메일 매거진으로 발신하고 있는 정보는 간단히 말하면 '나의 노하우'인데 그 귀중한 정보를 공짜로 제공하는 것은 당초에는 정말 용기가 필요했다. 그 노하우를 획득하는 데 몇 년이나 걸렸고 개인적으로 상당한 투자를 하여 노하우를 축적해 왔기 때문이다. 그러나 메일 매거진을 발행해 나가는 사이에 매우 중요한 것을 알게 되었다. '독자에게 정말로 기쁨을 주고 싶다'라는 기분으로 양질의 정보를 발신해 나가면 나갈수록 정보가 역류하여 나에게 잇따라 들어오게 된다는 것이다. 예를 들면 「퇴근 후 돈 버는 1인 기업하기」이면 미국의 정보 기업가의 첨단 정보나 그 비즈니스의 메리트나 문제점, 기업하고 싶은 사람의 고민 등이 나에게 모여든다. 때문에 나는 점점 '정보 비즈니스의 전문가'가 되어 갔다. 반대로 빌려 온 얕은 정보는 독자가 바로 꿰뚫어 본다. 그리고 '낙심했습니다'라는 메일이 곧 날아왔다. 발신하는 정보를 스스로 과감하게 버려야 한다는 것도 알았다. '기를 들고' 정보를 발신함으로써 어느새 단기간에 자신의 스킬이 레벨 업 해 간 것이다. 또한 메일 매거진을 이용하여 정보를 계속 발신한 결과 나는 많은 것을 얻게 되었다. 그 하나가 나 자신으로서는 깨닫지 못했던 '숨어 있는 자신의 능력'을 메일 매거진의 독자로부터 가르침을 받은 것이다. 그 능력이란 '문장력'이다.

"당신은 문장이 훌륭하다!"라고 많은 독자들의 말을 듣게 되었으니 정말 놀라지 않을 수 없었다. 나에게 이런 능력이 있었다니 꿈에도 생각지 못했다.(지금도 터무니없이 서투른 문장이어서 고민하고 있지만) 업무에서 기획서를 작성하고 있지만 어디까지나 주로 '기획력'이지 '문장력'과는 무관한 것이다. 때문에 메일 매거진의 발행을 통해서 '문장력'이 개화되었다고 밖에 말할 수 없었다.

모키노 마코토가 전개하는 정보 비즈니스

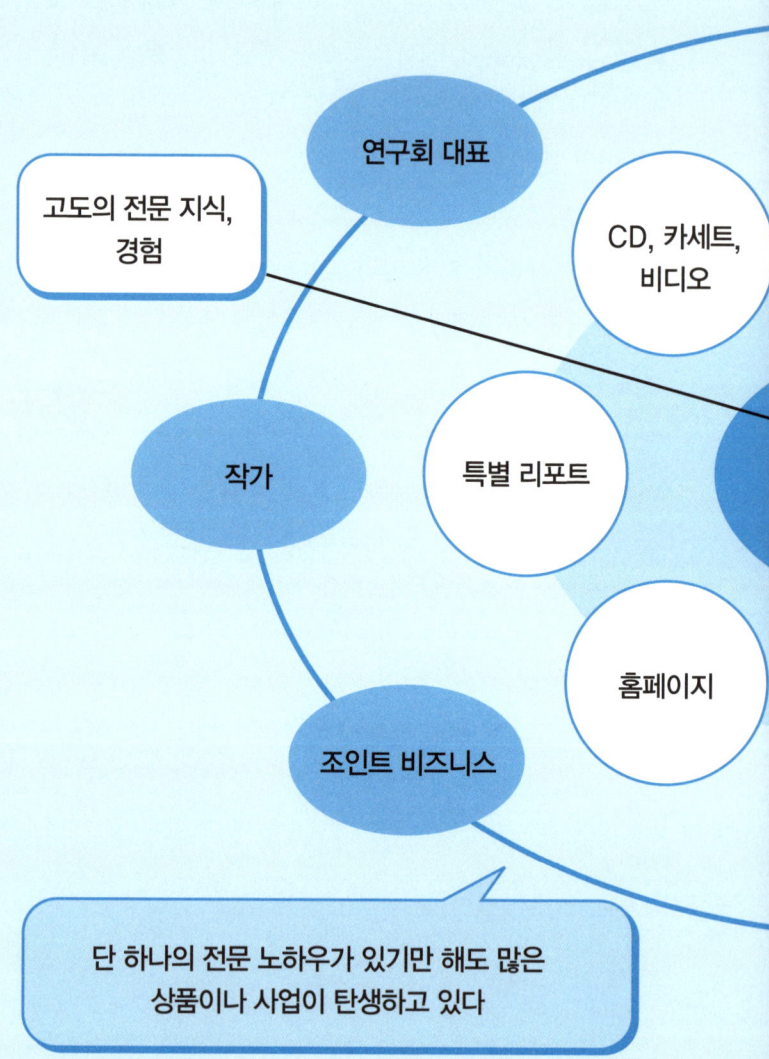

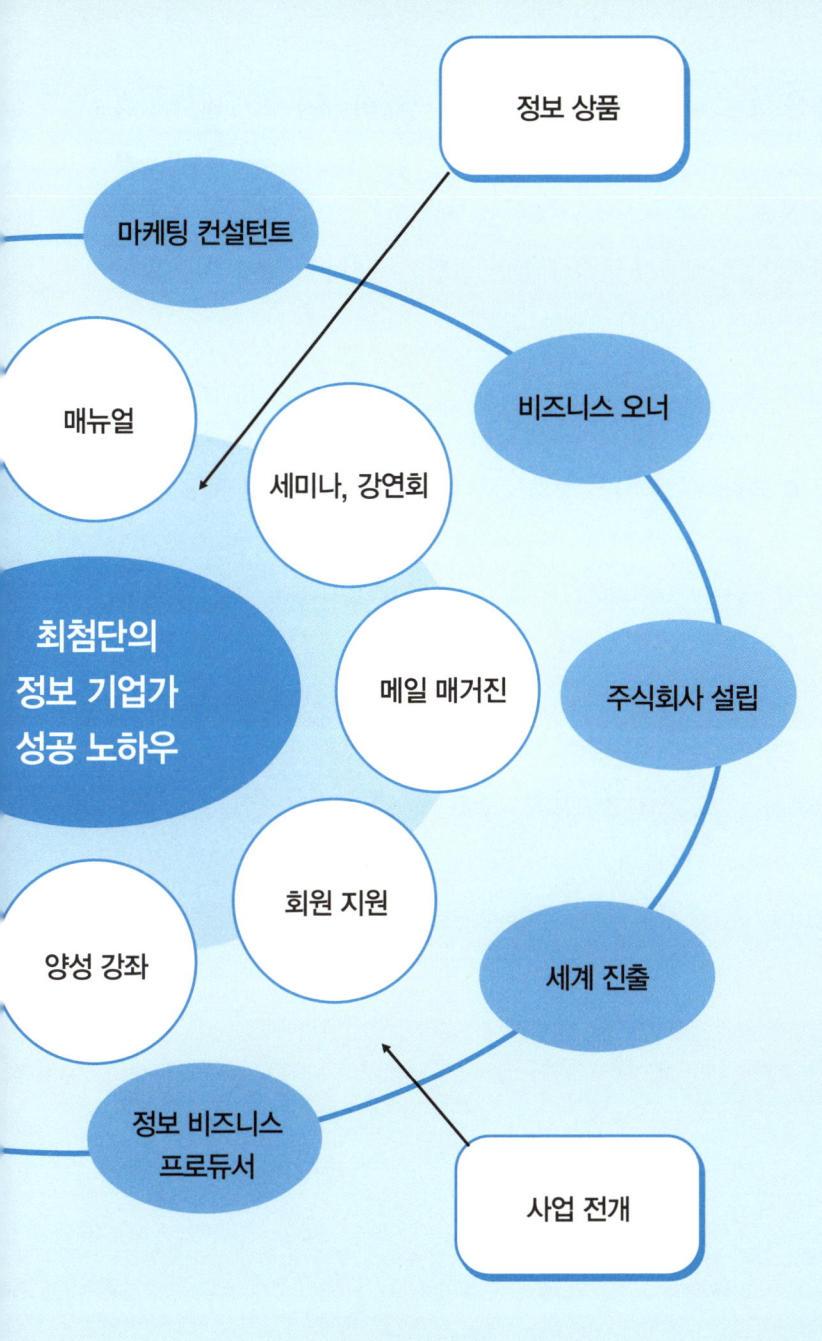

또한 나는 '나의 노하우'뿐만 아니라 '나'의 것을 잘 알려주기 위한 기분으로 메일 매거진을 쓰고 있다. 그 '생각'이 독자에게 틀림없이 통하고 있는 것이다. 때문에 '생각'이 없으면 아무리 훌륭한 문장을 써도 독자의 신뢰를 얻기 어렵고 권하는 상품도 틀림없이 팔리지 않을 것이라는 느낌이 든다.

문장은 누구나 잘 쓸 수 있게 된다. 자신의 생각을 전달하면 그것으로 족하다. 그러나 '정보 기업가란 상품이 아니라 뜻을 파는 사람'이니까. 당신에게도 정열을 가지고 전달하고 싶은 메시지가 틀림없이 있을 것이다. 그 기분을 솔직하게 표현하면 되는 것이다.

4

꿈이 예정대로 진행되는 것이 기업의 묘미다!

1. 돈이 벌리는 즐거움을 알게 된다

기업해서 다행한 것은 뭐니 뭐니 해도 좋아하는 일로 돈을 번다는 것이 즐겁다는 것을 안 것이다. 나는 비즈니스는 어른의 지적 게임이라고 생각하고 있다. 없는 지혜를 짜내서 즐겁게 벌기 위해서 여러 가지 수를 쓴다. 빗나갈 때도 있지만 전략이 맞아서 잘 되었을 때의 쾌감은 말로 표현할 수 없을 뿐만 아니라 정말 이 일에 열중하여 그만둘 수 없게 된다. 게다가 사장은 자신이기 때문에 무엇이든 하고 싶은 대로 결정할 수 있다. 무엇을 해도 누구에게 불평 듣는 일도 없다. 자신이 하고 있는 것에 책임만 지면 되는 것이다.

그러나 회사에서는 그렇지 않다. 고용되는 입장으로서의 발상은 단련하게 해 주지만 경영자로서의 트레이닝을 시켜 주는 일은 거의 없다. 기업가와 샐러리맨은 전혀 다른 세계에서 살고 있는 것이다.

나는 '즐겁게 벌 수 있다'는 감각을 맛보게 되어 성공 궤도에 오른 기분이 든다. 메일 매거진도 지금은 자유분방하게 쓰고 있다. 당초는 독자들의 취향에 맞춰 조심스럽게 쓰고 있었으나 일을 해 나가는 도중에 '과감하게 자신을 내놓자'라고 결심했다. 그렇게 하는 것이 즐겁기 때문이다. 나와의 파장이 맞지 않는 독자는 언제라도 그만두어도 좋다는 기분으로 변한 것이다. 무리하게 꼭 읽어 달라고 할 필요도 없고 나 역시 독자에게 아부할 필요도 없다. 맞지 않는 고객은 이쪽에서 해고시켜도 된다. 인생도 마찬가지로 비즈니스에서도 '과감히 실행하는 것'이 매우 중요하다. 또한 '비즈니스란 자력으로 창조하는 것이다'라고 배웠다. 누군가가 대신 만들어 주는 것은 아니다. 그렇기 때문에 무에서 유를 창조하는 에너지가 필요하다. 힘껏 나가지 않으면 아무것도 창조할 수 없는 것이다. 설불리 덤볐다가는 간단히 망하게 된다. 그러므로 '즐거운 것'이 에너지의 원천이 되는 것이다.

2. 자기 투자의 가치를 느끼게 된다

갓 기업했을 무렵에는 기업을 운영하는 방법을 몰랐기 때문에 조그만 돈도 벌 수 없었다. 정기적으로 돈이 드나들 때까지 시간이 걸린다. 한 달에 수천 엔 정도 버는 것이 고작이었는데 시행착오를 거듭해 나가는 사이에 처음에는 1만 엔을 넘고, 5만 엔을 넘었고, 30만 엔을 넘는 식으로 금액이 차츰 올라간다. 그 후에는 '돈에 가속도'가 붙어서 좀 더 많은 돈을 빨리 벌 수 있게 된다.

고통스러운 것은 제로에서 수천 엔으로 할 때. 솔직히 말해서 좀처럼 돈이 되지 않기 때문에 초조해진다. 이때 역시 자신은 기업에 맞지 않은 걸까 하고 의기소침해진다. 그러나 이런 때일수록 가족의 격려를 받고 싶은데 대부분의 경우에는 차가운 시선이 돌아올 뿐이다. "그러면 걷어치우면 되지 않은가"라는 말을 듣는다. 아마도 모든 세상의 아버지는 괴로운 상태일 것이라는 생각이 지배적이게 된다. 때문에 이 시기는 분발해야 할 때다. 또한 이를 악물고 딱 버티지 않으면 안 된다. 처음에 잘 안 된다고 해서 결코 체념해서는 안 된다.

　잘 안 되는 것은 뭔가 원인이 있을 것이다. 그 원인을 열심히 생각해서 해결해 나가는 것이 중요하다. 내가 보건대 대부분의 샐러리맨은 너무 혼자서만 문제를 해결한다. 먼저 기업하여 경험을 쌓은 선배나 전문가가 많이 있으니 그 사람들로부터 배우면 되는 것이다. 여기서 중요한 것은 '돈을 지불해서라도 가르침을 청한다'는 자세다. 그렇지 않으면 언제까지나 일이 잘 풀리지 않을 것이고, 중도에서 포기하게 된다. 누구나 천재가 아니니까 겸허하게 타인으로부터 배우는 것이 낭비가 적다고 생각한다. 나도 철저하게 넷서핑net surfing(인터넷에서 흥미가 붙을 때까지 검색하는 것. 잇따라 www 사이트를 보고 돌아다니는 것을 파도타기에 비유해서 나타내는 말)을 하여 홈페이지 만드는 법이나, 액세스 업(액세스 향상) 하는 방법, 메일 매거진의 쓰는 법 등의 정보를 조사했는데 걸린 시간에 비해서 대단한 정보는 얻을 수 없었다. 나도 그렇지만 아무래도 사람들은 유익한 정보를 공짜로 얻으려는 버릇이 있는 것 같다. 본래 가치가 높은 정보가 무료라는 것 자체가 이상하다. 정보를 발신하는 측도 정보를 얻기 위해 상당한 비용이 들었을 테니까.

여담이 되겠지만 기업가가 되고 싶은 사람일수록 '자기 투자'가 필요하다고 생각한다. 효율적으로 성공하는 방법을 배우기 위해서 자신에게 투자하여 공부해야 한다.

자신에 대한 투자는 단기간에 자금을 회수할 수 있을 뿐만 아니라 몇 배나 늘어나서 되돌아온다. 주식에 투자하기보다 훨씬 수익성이 높다. 실제로 해외의 크게 성공한 사람들은 연 수익의 3%를 자신에게 투자하고 있다.(연 수익 700만 엔인 사람이라면 연간 21만 엔, 월 약1만8,000엔의 투자 자금이 된다.)

그 길에서 톱이 된 세계적 컨설턴트는 자신이 아직 무명인 때부터 한 번에 20만 엔을 넘는 질 높은 여러 세미나에 참가하여 노하우를 습득하고 있다.

정말로 성공하고 싶다면 당신 자식들의 학원비에 돈을 투자하듯이 자신에게도 투자하도록 하자. 나는 오히려 아버지에게 투자를 우선해야 한다고 생각한다. 아버지가 많이 벌 수 있게 되면 가계에 도움이 되기 때문이다. 또한 비싼 학원비도 여유 있게 내 줄 수 있게 된다.

나도 책뿐만 아니라 많은 테이프나 비디오를 사서 공부했으며 세미나에도 다녔다. 샐러리맨이기 때문에 그 비용을 내는 것은 정말로 힘들었다. 그런데 술을 한잔 마시러 가면 5,000엔 정도는 쓰게 된다. 스낵이나 카바레 식 클럽이라는 도우미가 있는 술집에서는 10,000엔이 넘는 것이 보통이다. 그렇게 한잔 하는 것을 조금만 참고 자신에게 투자할 수 있는 사람이 빨리 성공할 수 있는 사람이다. 자기 투자를 계속하여 지식을 얻은 사람일수록 돈을 빨리 만들 수 있고 성공 스피드를 낼 수 있다고 실제 체험으로도 알게 되었다.

3. 언제 어디서든 비즈니스를 할 수 있다

 기업이란 형태가 아니다. 회사를 만들지 않아도 되고 사무실을 따로 가질 필요도 없다. 자신이 기업하겠다고 결심하고 고객이 붙어서 돈이 들어오는 흐름을 만들 수 있으면 훌륭한 비즈니스의 탄생이다.

 샐러리맨으로 있어야 할 것인가 기업하여 독립해야 할 것인가 하는 생각은 이미 시대에 뒤떨어진 사고이다. 보통 기업하고 싶을 때 마음대로 기업할 수 있고, 봉급생활자로 다시 돌아가고 싶을 때는 언제라도 되돌아갈 수 있다는 것이 이상적일 것이다. 그런데 우리나라에서는 간단히 독립할 수 없다. 샐러리맨을 그만두고 실패한 후의 보장이 아무것도 없기 때문이다. 하물며 고령에 독립하는 것은 정말 큰 용기가 필요하다. 실패하면 실업자가 될 가능성이 높기 때문이다. 또한 취직을 다시 하는 것도 간단하지 않고, 실패한 사람을 차갑게 대하는 풍조가 있다. 한마디로 부자유한 나라라 할 수 있다.

　나는 미국인이나 중국인처럼 봉급생활자로 근무하면서 자신의 사업을 가지는 것을 선택 항목의 하나로 넣는 것이 좋다고 생각한다. 자신의 비즈니스가 잘 돌아가고 나서 본격적으로 경영자의 길로 나아가면 된다. 그렇게 하는 것이 실패가 적고 수입원을 복수로 가짐으로써 안정된 생활을 꾸려 나갈 수 있기 때문이다. 게다가 무엇보다 자신의 비즈니스를 갖는다는 것은 매우 즐겁기 때문이다.

　그 좋은 예가 샐러리맨이면서 정보 기업가의 일을 하는 것이다. 회사를 그만두지 않아도 간단히 기업가가 되어 자신의 비즈니스를 전개할 수 있다. 다만 부업으로 기업하고 있는 것은 회사에는 말하지 않고 있는 것이 좋을 것이다. 10명 이상 되는 종업원을 거느리는 회사는 표면상으로는 겸업이 금지되어 있기 때문이다. 귀찮은 것은 겸업 금지 규정보다 회사에서의 풍문이다. 당신이 부업을 하고 있는 것을 상사나 동료가 알면 "요즘 열의가 없다." "이런 실수를 하는 것은 이상한 사업인가 뭔가 하는 것을 하고 있기 때문이다." 하고 이것저것 이유를 들어 모두 그 탓으로 돌릴 가능성이 있기 때문이다.

　샐러리맨의 겸업에 대해서 경험이 풍부한 전문가가 다음과 같이 대답해 주었다.

"샐러리맨(임원은 제외)이 겸업으로 자신의 비즈니스를 시작하는 것은 공적(노동 기준법)으로는 아무 문제가 없습니다. 개인 사업주는 물론이고 유한 회사나 주식회사의 사장도 될 수 있습니다. 그러나 각 회사의 취업 규칙으로 겸업을 금지하고 있는 경우가 많다고 생각합니다. 때문에 케이스 바이 케이스로 판단하는 것이 좋다고 생각합니다. 근무하는 회사와 상의해서 허락한다면 문제는 없지만 현실적으로는 어려운 일도 있을 테니까요. 그 경우에는 회사를 만들어도 실제로 운영하는 것은 다른 사람(부인, 친척, 친구 등)이 하고 있다고 하는 조치를 취해 두는 것이 무난합니다. 또 경합하는 사업에서의 겸업은 안 된다는 것에 주의하십시오."

나의 체험상 벼락 지식으로는 실패의 원인이 되기 때문에 특히 세무에 관해서는 자기 판단을 하지 말고 전문가의 어드바이스를 받으면서 해 나갈 것을 권한다.

정보 기업가라면 일부러 중심가에 살면서 장사할 필요도 없다. 지방에 살고 있어도 중심가에 살고 있는 사람과 조금의 뒤처짐도 없이 싸울 수 있다. 값비싼 주택비나 통근 거리를 생각하면 지방 쪽이 훨씬 쾌적한 생활을 할 수 있다.

나중에 상세히 소개하는 〈소피 더 경영자 영어 대학〉 대표인 미우라 테츠 씨는 니이가타에 살고 있다. 그러나 전국을 상대로 장사하여 성공하고 있다. 본인의 말에 의하면 그와 같은 라이프스타일이 대단히 즐겁다는 것이다. 중심가에 살고 있지 않다고 해서 아무런 불이익도 느끼지 않는다고 말하고 있다.

뭔가 정보 수집을 할 필요가 있다면 그때마다 상경하면 된다.

언제 어디서나 돈을 들이지 않고 기업가가 될 수 있는 것이 정보 비즈니스다. 게다가 죽을 때까지 일을 계속할 수도 있다. 정년이 없는 것이다. 샐러리맨이 수입을 크게 올리는 것은 일반적으로는 전직하거나 독립하는 두 가지 방법밖에 없는데 제3의 방법으로서 정보 기업가가 되는 것을 나는 권하고 싶다.

4. 부자 마인드의 친구들이 늘어난다

기업 후의 큰 변화는 만나는 친구가 전부 바뀐 것이다. 봉급생활자로 있으면 어쩌면 똑같은 체면과 46시간 중 행동을 함께 하는 것이 많아지기 쉽다. 함께 일을 하고, 밥을 먹고, 한잔 마시러 가는 것의 반복. 마시러 가도 매번 똑같이 주흥을 돋우기 위해 상사나 회사의 욕설을 하면서 밤새도록 술을 마신다. 냉정히 생각하면 이와 같은 시간만으로는 인생의 낭비가 되어 버린다. 술에 취해 허튼 소리를 뇌까려 봤자 자기 발전이 없기 때문이다.

나는 정보 기업가로서 활동하게 되면서 바빠진 탓도 있지만 그와 같은 시간이 거의 없어졌다. 의식적으로 '마시기만 하는 시간'은 만들지 않게 된 것이다.(물론 제로가 된 것은 아니다. 그렇게 의지가 강한 것은 아니니까.)

퇴근 후나 주말 등의 시간은 될 수 있는 한 나의 사업을 우선했다. 구체적으로는 비즈니스 파트너나 메일 매거진 독자들과 만나서 의견 교환하는 시간을 갖도록 했다. 그들과 만남으로써 기력이 생기고 많은 공부가 되었다.

비즈니스 파트너의 대부분은 20대나 30대의 젊은 기업가들이다. 그들과 만날 때마다 회화도 활기를 띤다. 나이가 젊기 때문에 체력이 남아도는지 모르지만 그 이상으로 기업가인 것이 그들의 힘의 원천처럼 느껴진다. 샐러리맨에게 있기 쉬운 비관적인 견해를 가진 사람은 거의 없다. 모두 긍정적이다. 그 젊은 친구들이 기업에 관한 실천적인 노하우를 친절하고 정중하게 가르쳐 주었다. 또 여러 가지 격려도 해 주었다.

그들의 지원이 없었으면 나는 이렇게 빨리 성공할 수 없었다고 단언할 수 있다. 진심으로 감사하고 있다.

부자가 되기 위한 비결의 하나는 '부자 마인드'를 가진 사람과 접촉하는 것이다. '가난한 마인드'의 사람과는 접촉해서는 안 된다. '가난한 마인드'의 사람이란 가난한 사람을 말하는 것은 아니다. 사고방식이 소극적, 후퇴적이며 돈이 없는 것을 남의 탓으로 생각하는 사람들을 말하는 것이다.

한편 '부자 마인드'의 사람이란 사고방식이 적극적, 건설적이며 돈이 없어도 어떻게든 돈을 만들 수 있는 방법을 모색하는 사람들이다.

내가 알게 된 기업가의 대부분은 부자 마인드를 가지고 있다. 돈이 없어도 어떻게 하면 돈을 벌 수 있는지 열심히 지혜를 짠다.

『부자 아빠 가난한 아빠』로 유명한 로버트 키요사카 씨의 일본에서의 특별 세미나에 참가한 적이 있다. 로버트 부부는 부동산의 불로소득으로 억만장자가 되었지만 부동산 투자를 시작했을 때는 돈이 전혀 없었다고 한다. '부동산 투자 물건을 발견한 후에 어떻게 해서 돈을 끌어올 것인가를 생각했다'고 말하고 있었다. 이것이 부자 마인드다. 발상이 보통 사람과 반대인 것이다.

비즈니스를 시작하려고 한 걸음 내딛지 못하는 사람의 대부분은 '돈이 없기 때문에 시작할 수 없다'고 생각하고 있는 모양인데 이 사고방식 자체가 가난한 마인드다. 돈이 없어서 정말로 아무것도 할 수 없다면 아르바이트든 무엇이든 해서 만들면 된다.

당신의 눈앞에 있는 친구는 당신의 거울이다. 유유상종인 것이다. 마음의 레벨이 같은 사람끼리 서로 당기는 것이다.

친구가 6명만 있으면 전 세계의 온갖 사람들과 네트워크를 만들 수 있다고 한다. 때문에 언제, 누구와 지내고 있는가는 매우 중요한 것이다.

나는 기업가가 됨으로써 자신의 인생의 플러스가 될 새 친구를 발견할 수 있었다는 느낌이 든다. 항상 함께 있는 6명의 친구가 바뀜으로써 나의 전 세계의 네트워크도 모양이 바뀐 것이다.

5. 꿈을 현실화 할 수 있다

이 책을 읽고 있는 당신은 어떤 꿈을 가지고 있는가?
그 꿈을 실현하고 있는가?
하고 있지 않다면 그것은 '돈이 없기 때문'은 아닌가?

물론 온갖 꿈이 돈으로 살 수 있는 것은 아니지만 돈이 없는 것이 꿈의 실현에 큰 장벽이 된다고 생각하는 경우가 많다. 왜냐하면 대부분이 샐러리맨이기 때문이다. 샐러리맨이 받을 수 있는 월급은 거의 정해져 있다. 쉽게 연 수익을 올릴 수가 없는 것이다. 하물며 지금은 한계점에 도달한 시대다. 섣불리 하다가는 실패할 가능성도 있다. 때문에 큰 꿈은 가질 수가 없는 것이다.

나 자신도 꿈은 가지고 있었지만 어차피 이루지 못할 것이라고 단정하고 있었다. 나의 꿈의 대부분이 돈이 드는 것이었기 때문이다. 그러나 나는 기업가가 되어 꿈을 실현하는 것을 배웠다. 오히려 '꿈은 실현시키는 것'이라는 의식으로 변했다. 그와 같이 생각하게 된 것은 새로운 수입원이 생겼기 때문은 아니다. 자신의 수입을 컨트롤할 수 있다는 것을 알았기 때문이다.

매월 30만 엔 정도의 수입이 정기적으로 들어오게 되었을 때 한 달에 60만 엔이든 100만 엔이든 버는 것은 쉽다고 생각되었다. 왜냐하면 30만 엔은 계획된 플랜에 의해서 만들어진 돈이었기 때문이다. 60만 엔을 만들려면 그것의 두 배가 되는 일을 하면 된다. 100만 엔이라면 그 세 배 정도의 일을 하면 된다는 것을 알았기 때문이다. 돈을 만드는 구조가 머릿속에서 만들어져 있다. 때문에 1년에 500만 엔을 만들려면 자금을 이만큼 사용하여 이것과 이것을 하면 된다. 1,000만 엔이면 이것과 이것으로 만들 수 있는 것을 이미지화 할 수 있다. 그렇게 하면 돈이 부족하다는 걱정이 없어지게 된다. 그 시점에서 돈으로 해결할 수 있는 꿈이 예정으로 변했다.

수입을 조절할 수 있다는 의식이 생기자 어떤 일도 실현할 수 있다는 기분이 들어 조금은 이상했다. 실제로 기업하기 전에 생각하고 있던 많은 꿈은 꿈이 아닌 것이 되었다. 그렇게 해서 실현한 꿈의 하나가 샐러리맨의 몸으로 주식회사를 만들 수 있었던 것이다. 그리고 신뢰할 수 있는 비즈니스 파트너와 공동으로 새로운 사업을 시작했다. 이전에는 돈이 없으면 회사를 만들 수 없다고 생각하고 있었고 주식회사를 설립할 수 있다는 것은 허공에 뜬 꿈이었다.

샐러리맨이었을 때, 그리고 있던 꿈의 대부분이 손에 닿게 되었다. 책의 출판, 주식회사 설립, 기업 지원 등의 교육 비즈니스 전개, 세계 진출 등의 큰 꿈이 예정으로 잡히게 되었다. 이것도 모두 정보 기업가로서 활동을 시작함으로써 맺게 된 감미로운 열매인 것이다.

5

정보 기업가로 성공하는 사람과 실패하는 사람!

1. 상품이 아닌 수법을 파는 발상

대부분의 회사와 접촉하면서 알게 된 것이 있다. 사실 돈을 벌고 있는 회사는 처음부터 벌도록 설계되어 있다. 벌도록 꾸며져서 회사가 운영되고 있는 것이다. 즉, 돈이 들어오는 흐름과 나가는 흐름이 정확히 조질되고 있는 것이다.

한편 돈을 벌지 못하는 회사는 처음부터 벌리지 않게 설계되어 있다. 도처에서 돈이 철벅철벅 젖어 버린다. 때문에 아무리 응급조치를 취해도 돈이 벌리지 않는 것이다.

나는 돈이 벌리는 회사와 벌리지 않는 회사의 차이가 '사고의 프레임워크(구조, 체제)'의 차이에 있다는 것이 보이게 되었다. 테크닉이나 비즈니스 모델을 표면적으로 흉내 내도 잘 안 된다. '설계 사상' 그 자체가 기본적으로 다르기 때문이다. 고객을 모으는 테크닉을 사용하여 가망 있는 고객을 대량으로 모을 수 있었다 해도 고객화가 촉진되고 리피트(반복) 고객이 확대되어 가는 '선 순환 구조'로

되어 있지 않으면 돈은 벌리지 않는다. 때문에 광고비를 중단해도 돈이 들어오는 흐름이 정확히 되어 있지 않으면 안 된다.

그 키가 되는 것이 앞에서 기술한 사고의 프레임워크다. 낡은 상식을 타파해 가는 창조력이 요구되는 것이다. 사고의 프레임워크란 이론이나 지식이 아니다.

지혜에 가깝다. 깨달음에 가깝다. 마인드에 가깝다. 순간적으로 번뜩 떠오르는 착상에 가깝다. '이미지력'이라고 말해도 좋다. 보통 비즈니스에서는 이익을 추구하는 방법으로서는 원가를 낮추는 발상이 일반적이다.

예를 들면 정가 200엔의 다이어트 껌이 있다고 하자. 지금까지 원가 150엔이었던 것이 한 개 팔면 50엔이 남는다. 그 원가를 140엔으로 낮출 수 있으면 10엔 더 벌린다. 다시 이 원가를 130엔으로 낮추면 20엔을 더 벌게 된다.

요컨대 '상품 제공 발상'이다. 이것은 보통의 사업이 한 상품에 대해 하나의 완결형이기 때문이다. 한 개의 상품을 모두 팔아 버림으로써 이익을 얻는 구조로 되어 있기 때문이다.

한편 정보 비즈니스는 한 개, 한 개의 상품이 팔린다, 안 팔린다는 사실 별로 관계가 없다. 제공하는 상품이나 서비스가 종합적으로 벌리면 되기 때문이다. 같은 다이어트 상품을 사용해서 설명하면, 정보 사업에서는 예를 들어 '안전 다이어트'라는 해결 방법(비법)을 메인 상품으로서 팔고 있는 것이다. 개개의 다이어트 껌이나 다이어트 식품 등은 서브 상품이 된다. 요컨대 *솔루션 제공 발상이다.

그러므로 안전 다이어트를 축으로 다수의 상품을 잇따라 제공할 수 있다. 안전하고 간단히 다이어트 할 수 있는 방법을 가르치는 비디오를 판매할 수도 있고, 다이어트 세미나를 해도 좋다. 2박 3일의 강화 합숙을 개최할 수도 있다.

---

*솔루션solution : 정보처리나 통신 기술을 이용하여 기업이 안고 있는 기업 과제의 해결을 꾀하는 것.

보통 비즈니스의 경우

예 ▶ 다이어트 상품 제공 비즈니스

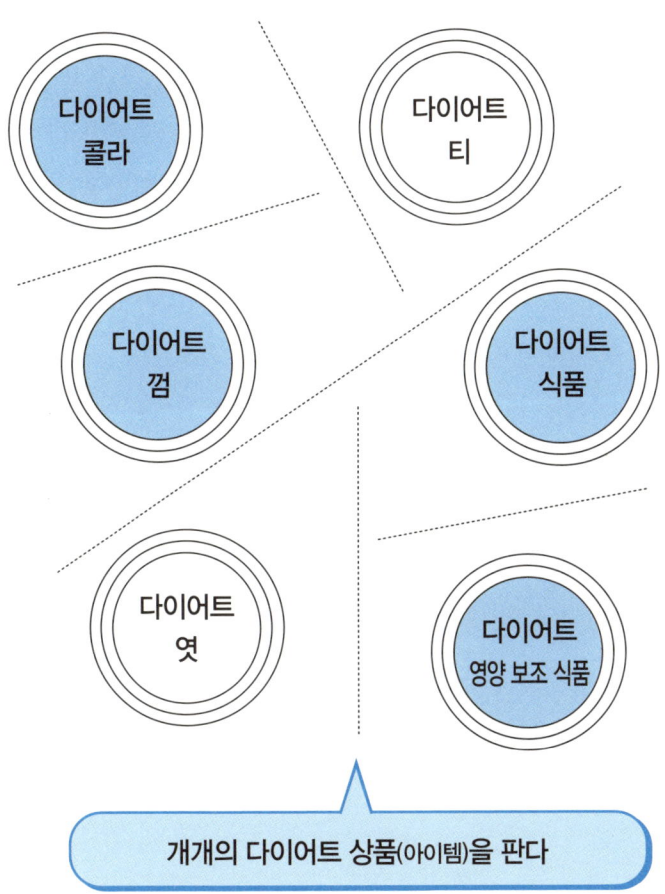

개개의 다이어트 상품(아이템)을 판다

에스테aesthetic(전신미용)나 체조도 안전 다이어트에 불가결한 상품이 될지도 모른다. 혼자서 하기는 힘들기 때문에 모임을 만들어서 다이어트를 지원해 주는 것도 필요할 것이다. 그야말로 다이어트 껌도 한 종목으로서 팔아도 좋다. 그와 같은 개개의 상품은 무한히 만들 수 있다. 거기서 막대한 부가 생기고 확장해 나가는 것이다.

신규 고객을 대량으로 모으기 위해 적자를 각오하고 다이어트 껌의 정가를 큰맘 먹고 100엔으로 해도 좋다. 다른 상품이나 서비스로 이익을 얻을 수 있는 가망이 있다면 그것도 전혀 무관하다. 왜냐하면 안전 다이어트에 관한 상품이나 서비스를 종합적으로 보고 최종적으로 이익이 나면 되기 때문이다. 단기가 아니라 장기적 시야로 보는 것이다.

이와 같이 정보 사업과 보통 사업은 사고의 프레임워크가 근본적으로 다르다. 사업의 발상 자체가 전혀 다르다. 때문에 정보 사업으로 성공하기 위해서는 사고의 프레임워크를 180도 바꿔 나가는 발상의 전환이 불가결하다.

즉, 보통의 비즈니스의 연장으로 정보 비즈니스를 파악하면 틀림없이 실패한다.

정보 비즈니스의 경우

예 ▶ 다이어트 수법 제공 비즈니스

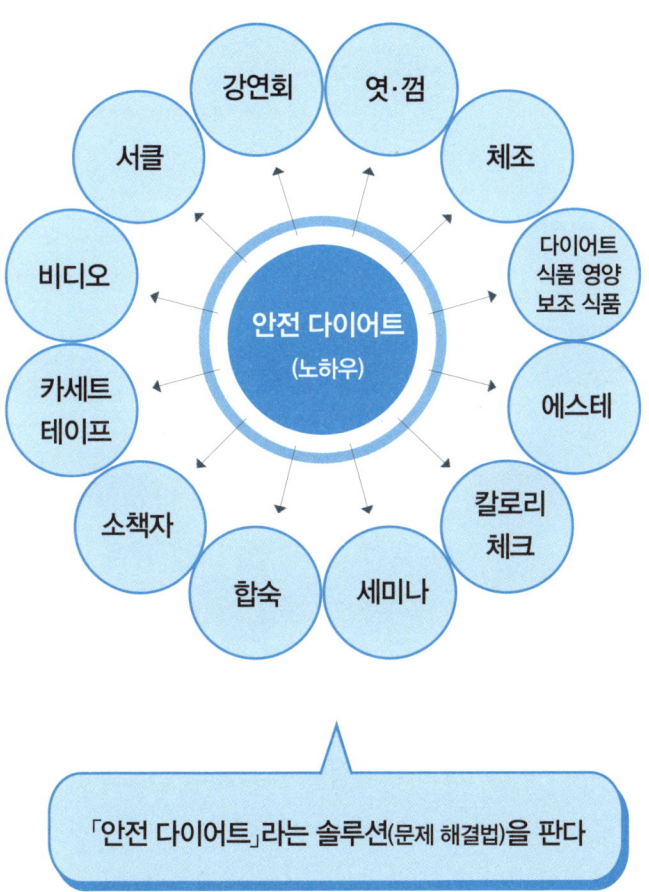

「안전 다이어트」라는 솔루션(문제 해결법)을 판다

2. 재너레이터를 만드는 방법

계속적으로 이익이 생기는 구조가 캐시 제너레이터(돈 제조기)다. 예를 들면 회원제로서 매월 50만 엔 정도 이익이 생기고 있다면 회원제도 자체가 캐시 제너레이터다. 나에게도 메일 매거진이 돈 제조기가 되었다.

비즈니스의 본질은 돈벌이다. 돈을 계속적으로 낳게 할 필요가 있는 것이다. 때문에 이 돈 제조기를 빨리 만드는데 주력해야 한다. 당신만의 제조기를 만들면 그다음은 내버려 두어도 돈이 들어온다. 게다가 하나가 아니라 많은 돈 제조기를 만들어 나가는 것이 정보 기업가의 성공 비결이다. 또한 캐시 제너레이터를 만들어 가려면 어디서 이익을 가져오고 있는가를 정확히 확인해 가는 것도 중요하다. 그 이익의 원천이 '캐시 포인트'다.

한 정보의 콘텐츠를 패키지 상품으로서 5,000엔의 카세트테이프를 팔아서 거의 이익이 오르지 않아도 그 카세트테이프를 사 준 고객을 세미나에 참가하게 하면 2만 엔의 비법 비디오를 참가자 3명 중 한 사람은 사 주었다. 여기서는 비디오가 이익의 원천, 즉 캐시 효과가 된다. 그렇게 하면 금후 이익을 증대시켜 가려할 때 5,000엔의 카세트테이프 구입자를 확대해 나가면 된다. 비디오를 구입할 가망이 있는 고객을 모으는 데에만 자금을 투자하는 것이 아니라 5,000엔의 카세트테이프를 구입하는 고객을 증대시키는 데 집중해 나가는 것이 효율적이다. 이 캐시 효과가 언제까지나 보이지 않으면 아무리 일해도 자신의 생활이 즐겁지 않은 상태가 되어버린다.

    기업가는 노동 시간 그 자체에는 가치가 없다. 오히려 시간을 들이지 않아도 이익이 오르는 구조를 빨리 만드는 것이다.

3. 두 가지 테마는 비즈니스의 보험이 된다

정보 기업가는 홈페이지를 거점으로 거기서 비즈니스를 전개해 나가는 것이 필수적이다. 그런데 정보 비즈니스를 시작한 사람들의 대부분이 착각하고 있는 경우가 있다. 그것은 홈페이지를 겨우 하나밖에 만들려고 하지 않는 것이다.

요즘은 변화가 격심해서 어떤 장사가 적중할지 전연 예상할 수 없다. 금년에 잘 나갔다고 해서 내년도 잘 나간다는 보장은 어디에도 없다. 그런데도 아무리 자신이 있는 전문 테마라고 하지만 하나의 테마만으로 장사를 하는 것은 너무 나태한 생각이다. 게다가 리스크도 크다. 그러므로 하나의 테마에 매달려서 장사를 해 나갈 것이 아니라 테마가 다른 복수 홈페이지를 테스트하여 안 되는 것은 버리는 방법이 이치에 맞는다.

'인터넷 백서'에 의하면 기업이 갖는 평균 사이트 수는 23개라고 한다. 당신도 하나라는 인색한 생각을 하지 말고 많은 홈페이지를 가지고 장사를 시작하면 된다. 많은 테마를 가지고 자신의 사업을 시작하면 즐거울 것이고 무엇보다 '보험'이 된다. 그 어느 하나가 잘 안 되면 다른 테마의 홈페이지에서 벌면 되니까.

내가 일하고 있는 광고 대리점에서는 실제로 이 보험을 많이 들고 있다. 다수의 업계를 클라이언트로 갖는 것이 광고 대리점의 큰 특징의 하나이기 때문이다.

유통업계가 있을 때 저조해서 광고비를 별로 기대할 수 없으면 급성장하고 있는 IT업계에 주력하면 될 것이고, IT업계에 역풍이 불고 있으면 해외에서 매상이 호조인 자동차 업계에 주력하면 된다. 그렇게 하여 제휴 매매로 회사의 매상을 올리도록 한다. 사실 광고 업계는 불황이라고 하는 오늘날에도 성장률은 결코 나쁘지 않다. 이것은 건전한 업계의 클라이언트(광고주)에게 끊임없이 중심을 두어 온 결과다.

홈페이지를 만드는 데에는 원칙이 있다.
그것은 1테마 1홈페이지로 하는 것이다. 전문적인 표현을 하면 1테마=1도메인으로 한다.
지금까지도 대기업의 대부분은 무엇이든 이것저것 마구 섞인 복

잡한 홈페이지를 만들고 있는데 이래서는 무슨 홈페이지인지 이용자가 사이트를 방문했을 때 바로 알 수 없다. 게다가 대부분의 이용자는 야후나 구글Google 등의 검색 사이트에서 찾아온다. 한 키워드를 쳐서 그 키워드에 히트하는 상위 사이트를 찾아서 그 홈페이지를 방문하는 것이다. 때문에 고객이 검색하는 키워드를 그 홈페이지의 테마와 일치시켜 두는 것이 중요하다. 홈페이지의 제목이 회사명으로 되어 있는 것은 문제 밖이라 할 수 있다. 이용자는 어지간히 유명한 회사 외에는 회사명으로 검색하지 않기 때문이다.

지금은 개인이라도 돈을 지불하면 검색 결과에 대응하여 광고를 표시할 수 있는 *애드워즈adwords 광고 등을 이용할 수 있게 되었다. 그와 같은 서비스를 적극적으로 이용하는 것도 필요하다.

이 홈페이지 자체가 앞에서 설명한 돈 제조기이기도 하다. 매월 5만 엔의 매상을 올리는 홈페이지가 하나라면 연간 60만 엔의 매상이다. 그런데 같은 정도의 금액을 벌 수 있는 홈페이지를 하나 더 가지면 그 배인 120만 엔이 된다. 그 세 배면 360만 엔이다. 하나의 홈페이지로 연간 360만 엔을 벌려면 매월 30만 엔이라는 돈을 낳게 해야 한다. 이 정도의 금액이 되면 사이드 비즈니스로서는 약간 힘든 면이 있다. 침착하게 도전하지 않으면 잘 안 된다. 궤도

---

*애드워즈adwords 광고 : 유저가 광고를 클릭한 횟수만큼의 광고료만 지불하면 되는 시스템이며 일본에서는 1클릭 당 7엔부터 이용 가능하다.

에 오를 때까지 시간도 걸릴 것이고 광고 비용 등의 프로모션(판촉) 자금도 든다. 그러나 매월 5만 엔 정도를 하나의 홈페이지로 버는 것이 목적이라면 그렇게 어렵지 않다. 5,000엔의 상품이라면 10명의 고객이 팔아 주면 된다. 5만 엔의 상품이라면 단 한 사람이 팔아 주기만 해도 된다. 이것이라면 무리 없이 할 수 있을 것 같은 느낌이 들 것이다. 개별 테마의 홈페이지를 여러 개 가지고 있으면서 종합적인 매상을 올려 가는 발상이 중요하다는 것이다.

4. 고객 리스트의 활용이 부를 낳는다

고객 리스트는 중요한 자산이다. 고객 리스트가 있으면 당신의 주머니에 돈을 넣어 준다. 그러나 고객 리스트는 의외로 대기업에서도 경시하기 쉽다. 왜냐하면 통신 판매 회사는 별개라 하고, 일반적인 제조업체 등은 고객의 얼굴이 보이지 않는 사업 모델이 되어 있기 때문이다. 제조업 → 도매상 → 소매상이라는 유통 형태를 취하기 때문에 말단 수요자와 직접 접촉할 필요가 없기 때문이다.

고객 리스트가 있으면 그 상품의 수용성을 테스트할 수 있다. 한 상품이 팔릴 것인지 어떤지는 감으로는 알 수 없다. 때문에 '시장에게 묻는다'는 것이다. 구체적으로는 고객 리스트를 사용하여 여러 가지를 테스트하여 검증해 나간다.

정보 비즈니스는 이 고객 리스트를 전략적으로 활용해 나감으로써 막대한 부가 생긴다. 왜냐하면 고객은 예상 고객(비 구입 고객) → 신규 구입 고객 → 리피트 고객(팬)으로 진화해 가기 때문이다. 몇 번이고 상품을 팔아 주는 우량한 리피트 고객이 확대되면 될수록 자금은 거의 투자하지 않아도 안정적인 수익이 들어오는 구조가 된다.

 돈이 벌리는 비즈니스의 기둥은 어떻게 리피트 고객을 많이 확보할 것인가에 달려 있다. 한 번밖에 팔아 주지 않는 상품을 파는 비즈니스 모델로서는 캐시 폴로가 좀처럼 돌지 않는다. 때문에 건강식품처럼 매월 정규적으로 반드시 돈을 지불해 주는 비즈니스 쪽이 좋은 것이다. 건강식품은 일정한 빈도로 상품이 소모된다. 그러므로 한 번에 끝나는 고객도 있지만 한편 몇 번이고 팔아 주는 리피트 고객이 있다.
 회원제(멤버십) 프로그램도 리피트 비즈니스다. 월 회비 제도라면 매월 캐시가 들어온다. 어떤 비즈니스라도 '리피트 된 것인지 아닌지 여부'는 매우 중요한 시점이다.

 나는 이 고객 리스트의 구축과 확대(리스트 빌드)를 적극적으로 행하고 있다. 고객 명단을 데이터베이스화해 두면 여러 가지 테스트를 유연하게 할 수 있을 뿐만 아니라 명단 자체가 자사 미디어로서 커뮤니케이션 도구가 되기 때문이다.

이 책은 입문서이기 때문에 전문적인 것은 할애하지만 메일 매거진의 독자든 사이트를 방문한 단 한 번의 고객이든 어드레스를 수집하여 계속적인 커뮤니케이션을 통해서 자신의 고객을 팬으로 만들어 나가는 것이 매우 중요하다.

5. 자기 미디어를 늘려 고객에게 접근한다

정보 기업가는 자신의 정보를 발신할 수 있는 미디어(자기 미디어)를 갖는 것이 매우 중요하다. 카탈로그 쇼핑 회사가 자사 상품을 소개하는 카탈로그를 갖거나 쇼핑몰 회사가 자사의 텔레비전 CM을 방영하는 광고 안내를 갖거나 하는 것과 마찬가지로 정보 기업가도 자신의 정보를 알리는 '자기 미디어'를 가질 필요가 있다.

정보 기업가로서의 자기 미디어가 홈페이지만으로는 효율이 너무 적다. 왜냐하면 홈페이지는 본래 기다리는 미디어이기 때문이다. 고객이 그 홈페이지를 방문해 주지 않으면 매상이 오르지 않는다. 게다가 홈페이지의 액세스 수를 향상시키는 데에는 한계가 있다. 시험적으로 홈페이지를 만들어서 야후 등의 검색 사이트에 다수 등록하여 검색활용엔진(SEO: Search Engine Optimization) 등을 해 보기 바란다. 고생에 비해 거의 액세스 수가 향상되지 않는다는 것을 알게 될 것이다. 비용을 들이지 않고 검색으로 상위를 차지하는 수법도 있는 모양이지만 바쁜 샐러리맨은 그 방법을 조사하여 테스트할 시간도 없다. 때문에 기다리는 미디어가 아니라 '공격하는 미디어'가 필요하다. 나는 공격하는 미디어의 필두가 메일 매거진이라고 생각하고 있다. 메일 매거진으로 상품을 알려서 흥미를 가져준 사람을 홈페이지로 끌어들이는 것이다. 이 패턴의 효과는 대단히 높다. 게다가 메일 매거진을 발행하는 비용은 공짜나 다름없다. 애당초 메일 매거진은 그 테마에 관심이 있고 가능성 있는 고객이 구독하고 있기 때문이다. 이만큼 자기 미디어에 적절한 것은 없다.(메일 매거진에는 〈마그마그〉 등의 발행 스탠드를 이용하는 것과 자신이 발행하는 것이 있다.)

나는 특정 상품에 한정된 독자적인 메일 매거진을 발행하여 그 효과를 테스트한 적이 있다. 〈마그마그〉 등의 발행 스탠드를 이용한 메일 매거진에서 그 독자獨自 메일 매거진에 등록하고 싶은 사람을 모집하였더니 2일 정도 지나자 100명을 넘어선 가능성 있는 고객이 간단히 모였다. 독자는 상품 그 자체에 흥미가 있는 사람들뿐이기 때문에 그다음은 계속적으로 상품 정보를 발신해 나가면 어느 시점에서 상품이 팔릴 때가 온다. 또한 뉴스레터도 자기 미디어다. 집으로 우송하는 것은 비용이나 시간, 그리고 수고도 상당히 들어서 힘들겠지만 공격 미디어의 하나로서 사실 대단히 유효한 것이다. 왜냐하면 고객과 커뮤니케이션 빈도를 향상하면 할수록 로열티가 높아지고 상품이 팔리기 때문이다.

 이와 같이 자기 미디어를 늘려 나가서 자사 상품에 관심이 있는 가능성 있는 고객과의 커뮤니케이션을 계속적으로 행해 나가는 것이 내일의 매상과 이어져 가는 것이다. 왜냐하면 고객과의 관계성이 강화되기 때문이다.
 자기 미디어를 적극적으로 활용한 커뮤니티 만들기의 중요성을 이해하였으리라 믿는다.

6. 슈퍼 오더 메이드의 상품을 판다

일반적인 비즈니스는 우선 '상품'이 있고, 그 '상품'을 어떻게든 팔려고 노력한다. 그러나 상품이 넘치고 있는 요즘은 좀처럼 팔리지 않는다. 그 상품은 '기성복'이기 때문에 그 상품에 맞지 않는 고객이 많이 있기 때문이다.

한편 정보 사업의 상품은 '주문복'으로 만들 수 있다. 고객의 필요나 요청 사항을 물어서 상품을 만들면 된다.

대부분의 기업은 지금 '물건이 팔리지 않는다'고 탄식하고 있다. 그것은 상품을 만들고 있는 기업이 대량의 '기성복'을 만들어서 고객에게 사도록 강요해 왔기 때문이 아닐까. 생각해 보면 한 시대 이전에는 어떤 상품도 주문에 의해 만들어졌다. 주택도, 한 채, 한 채 주문에 의해 짓고 있었다. 구두도 자신의 발에 맞추어서 주문하고 있었다. 그런데 고도 경제 성장과 더불어 그와 같은 주문 제조는 채산이 맞지 않게 되어 모습이 사라져 갔다. 효율을 추구하였기 때문이다. 그리고 지금 다시 '주문 제조'가 요구되는 시대가 되었다. 그것도 개개의 고객 요청에 응해 주는 고품질의 '특수 주문 제조 상품'이 필요하게 된 것이다. 그 특수 주문 제조 상품이야말로 '정보'다.

오늘날 많은 정보가 넘쳐서 무엇이 진짜 정보인지, 무엇이 자신에게 도움이 되는 정보인지 고객은 전혀 짐작할 수 없다. 또한 사용할 수 있는 정보와 사용할 수 없는 정보의 구별도 안 된다. 정보가 너무 많아서 곤란해 하고 있는 것이다. 때문에 고객은 '당신이 찾고 있는 것은 이겁니다' 하고 자신 있게 도움이 되는 정보를 가르쳐 주는 전문가를 찾고 있다. 그 전문가가 바로 정보 기업가다.

정보 비즈니스는 스몰 비즈니스다. 큰 마켓을 상대로 하는 것이 아니라 조그만 마켓을 상대로 하는 장사다. 조그만 마켓이기 때문에 자신의 전문 분야라면 고객의 소리에 정확히 귀를 기울여 고객이 안고 있는 문제점이나 고민의 '처방전(정보)'을 즉석에서 제공할 수 있을 것이다.

7. 굶주린 고객을 찾는다

메일 매거진의 독자로부터의 질문 중에서 가장 많은 것은 '어떤 것을 시작하면 정보 기업가가 될 수 있는가'라는 것이다. 결론부터 말하면 '무엇을 해도 좋다'는 것이다.

분명히 좋아하는 것이나 자신 있는 쪽이 지식이 풍부해서 시작하기 쉽다고 생각하겠지만 너무 그것에 구애되지 않아도 된다. 좋아하는 것이나 자신 있는 것으로는 선택 항목이 너무 적어진다. 회사에서 해 온 전문 분야는 무엇이냐고 물어도 하나나 둘밖에 없을 것이다. 취미를 물어도 취미가 없는 사람이 의외로 많다. 때문에 나는 무슨 일이든 좋으니 자신이 하고 싶은 것을 우선 하나 시작하고 그것의 전문가가 되는 것이 좋다고 생각하고 있다. 요컨대 싫은 것이 아니면 무엇을 시작해도 좋다. 선택 항목을 넓혀서 자신의 사업 찬스를 생각한다.

그 힌트의 하나는 마켓 발發로서 자신이 해 보고 싶은 분야를 찾는 것이다. 여기서의 중요한 것은 '굶주린 고객을 찾는 것'이다. 바꿔 말해서 팔리는 상품이 아니라 팔 수 있는 고객을 발견하는 것이다.

사업은 고객을 획득하는 업이다. 고객만 잡으면 된다. 굶주린 고객이 어디에 많이 있는가를 찾아서 당신이 할 수 있을만한 것을 적용해 나간다. 마켓을 찾는 포인트는 크게 세 가지가 있다.

우선 '고객의 저변이 넓을 것'. 다양한 수요가 존재하는 큰 마켓일수록 좋다. 경합은 많아지겠지만 뭔가를 전문 특수화함으로써 차별화할 수 있다. 다음에 '마켓이 확대되어 있을 것'. 시장이 축소해 있는 마켓이 아니라 새로운 수요가 생기고 있는 마켓을 노리는 것이 좋다. 붐이 되어 있는 새로운 시장을 찾는 것이다. 세 번째가 '고객의 로열티가 높을 것'. 그 상품이 없어지면 살아갈 수 없는 사람이 존재하는 '중독자가 많은 마켓'일수록 좋다. 취미나 건강 관련의 시장이 그 대표적인 예라고 할 수 있다.

이와 같은 세 가지 조건을 충족시키는 마켓으로서 전형적인 것이 영어 시장이다. 서점에 가면 엄청나게 많은 영어 관련 서적이 있다. 이것으로 영어 시장이 거대한 마켓임을 알 수 있다. 그 가운데서 표적을 좁혀서 전문화해 나가면 된다.

내 친구 중에 니이가타에서 초·중학생용 학습 학원을 경영하고 있는 미우라 테츠 씨(소피 더 경영자 영어 대학 대표 http://www.execueng.co.jp)가 있다. 미우라 씨는 영어의 달인이기도 했다. 그는 학습 학원을 경영하면서 영어를 무기로 한 새로운 상품을 만들고 싶었다. 일반적으로 만인에게 인기가 있는 영어 교재를 개발하려고 했다. 그쪽이 마켓이 크고 위험이 적다고 생각하였기 때문이다. 그런데 미우라 씨는 과감하게 표적을 경영자 쪽으로 겨누었다. 처음에는 맞을지 빗나갈지 몹시 걱정했었는데 막상 그 교재를 통신 판매로 팔았더니 대 호평이었다. 이 경영자용 영어 교재(『경영자 영어대학』)는 고정 고객도 생겨서 매상이 매년 신장하고 있다. 일반인을 대상으로 한 영어 학습 교재가 아니라 '경영자 전문'으로 좁힌 교재로 한 것이 성공의 비결이었다.

그밖에 에스테나 다이어트, 요리 등 여성이 좋아하는 시장이 있다. 게다가 이 테마는 영원불멸이다. 이런 여성 특유의 시장에서 전문 분야를 생각할 수도 있다.

건강(병) 관련의 전문 분야도 있다. 건강식품의 수요는 매년 늘고 있는데 건강식품에서가 아니라 특정한 병에서 마켓을 생각해 본다. 예를 들면 '통풍痛風'이라는 선에서 통풍에 걸린 사람용 식사, 통풍에 걸린 사람이 마셔도 될 알코올, 통풍에 걸린 사람을 위한 체조 같은 것을 제공해 나가면 된다.

앞으로는 마음의 병도 유망한 마켓이다. 고민은 심각한데 이렇다 할 특효약이 없다. 약이 아니라 뭔가 다른 방법이 있을지 모른다. 만약 당신이 그런 일로 고민한 경험이 있고 그것을 극복한 사람이라면 그 분야의 전문가로서 귀중한 정보를 제공할 수 있다.

아무리 훌륭한 상품이라도 고객이 없으면 장사가 안 된다. 돈이 한 푼도 들어오지 않는 것이다. 다시 말해서 당신이 팔고 싶은 정보가 아니라 그 정보를 절실히 원하는 고객이 있는 마켓을 찾아서 장사를 시작하는 것이 효율적이다.

장사란 무엇이든 있는 종류가 다른 격투기다. 법률에 위반하지 않으면 무엇을 팔아도 된다. 그러나 당신이 팔고 싶은 상품(정보)에만 구애되고 있으면 길이 막혀 버린다. 당신이 좋아하는 것이라도 고객이 필요로 하지 않으면 아무리 궁리해도 팔리지 않는다.

당신이 하고 싶은 것보다 '굶주린 고객(하다못해 배고픈 고객)'이 많이 있는 마켓을 찾는 것이 손쉽다. 고민이 심각하거나 욕구가 강한 중독 고객이 많다, 색 짙은 마켓이면 마켓일수록 장사하기 쉬운 것이다. 미국의 카리스마 마케팅 담당자의 한 사람인 게리 허버트는 가격이 싸다거나, 품질이 높다거나, 상품의 다양성보다 이 '굶주린 고객을 찾는 것'의 중요성을 강조하고 있을 정도다.

8. 사고의 프레임워크framework를 바꾼다

그와 같은 굶주린 고객이 있는 시장에서 프로 전문가로서의 일을 시작한다. 그리고 자기 자신의 가치를 높여서 브랜드화하면서 그 분야의 제일인자가 되어 가는 것이다.

정보 기입가란 특정 분야의 프로페셔널이다. 때문에 제공하는 니치(niche:틈새) 마켓의 전문 분야에 있어서는 될 수 있는 한 국내 제일이라고 호언할 수 있을 정도의 전문가가 되는 것이 좋다. 국내 제일이 되면 브랜드의 힘이 붙어서 장사가 쉬워진다. 또한 지명도가 높아지면 당신이 제공하는 정보에 대한 신뢰성도 향상되고, 고객에게 상품을 팔기 쉬워진다. 경합을 의식하여 가격을 낮출 필요도 없어지는 것이다. 즉, 제휴하고 싶은 회사도 나타나는 등의 좋은 일만 생기는 것이다.

일반적으로 생각하면 국내 제일이 간단히 될 수 없다고 생각하겠지만 실은 그렇게 어렵지 않다. 발상을 바꾸는 것만으로 단연코 톱이 될 수 있다. 좀 더 간단히 일인자가 되는 방법은 자신이 이길 수 있는 마켓을 스스로 창조하는 것이다.

예를 들면 나는 정보 기업가라는 새로운 마켓에서 국내 제일이 되려고 했다. 그 마켓은 국내에서는 미개척이었기 때문이다. 전문가가 아무도 없었다. 내가 한 일이라면 그 전문 분야의 메일 매거진을 국내에서 처음 발행한 것뿐이다. 처음에는 독창적 상품 같은 것은 아무것도 없었다. 그런데 매주 전문 정보를 계속 발신한 결과 순식간에 대량의 독자를 획득하여 비즈니스 부문에서는 국내 최대급의 메일 매거진이 되었다. 그 브랜드의 힘이 거대 메일 매거진을 레버lever(지레)로 하여 정보 사업을 다각적으로 전개하여 성공했다. 스스로 마켓을 창조하여 마켓을 키운 것이다. 때문에 나는 정보 기업가의 파이오니아pioneer로서 널리 알려지게 되었다.

만약 '독립, 기업起業'이라는 마켓이었다면 나는 성공할 수 없었다고 생각한다. 거기에는 많은 강적이 있기 때문이다. 하물며 독립하지 않은 봉급생활자인 내가 독립 기업 정보를 발신해 봐야 가치가 없다. 그 정보는 신뢰성이 낮기 때문이다.

요컨대 당신이 새로운 부문을 개척하여 거기서 일본 제일이 되면 된다. 그리고 넘버원의 전문가로서 자신의 브랜드 힘을 높여 나간다. 그러면 기존 부문에서 국내 제일이 되려면 어떻게 하면 될 것인가?

그 비결은 경쟁의 룰을 바꾸는 것이다. 경쟁의 룰을 바꾸는 것은 싸우는 승부 자리를 바꾸는 것이다. 싸우는 승부 자리를 바꾸는 간단한 방법은 전문가가 된 부문을 될 수 있는 한 좁혀서 '자신의 사이즈'로 적게 해 나가는 것이다. 좁고 깊은 울트라 카테고리로 전문화한 만큼 '자기 사이즈'가 되어 간다.

점포에 비유하면 일반 서점보다 요리 분야로 좁힌 전문 서점 쪽이 이기기 쉽다. 구둣방이면 샌들 전문점보다 비치샌들 전문점 쪽이 좋다. 그렇게 하면 조그만 회사든 개인이든 일본 제일은 물론이고 세계 제일이 될 수 있는 가능성도 있다.

자기 사이즈로 작게 하는 것은 고객을 좁히는 것과 같다. 그리고 좁혀진 고객에게 120퍼센드 주력한다. 표적을 좁히면 좁힐수록 효율이 높아진다. 정보 사업은 특정 부문에 초점을 맞춘 조그만 마켓이기 때문에 고객을 좁히기 쉽다. 때문에 대단히 하기 쉽다. 그리고 중요한 것은 좁힌 고객 중에서 자신이 상대하고 싶은 고객만을 상대로 해 나가는 것이다. 그렇게 하는 것이 단순하고 즐겁기 때문이다. 싫은 고객을 상대로 할 필요도 없다. 고객의 소리에 귀를 기울이면 상품이나 서비스의 품질이 스피디하게 높아져서 고객도 한층 더 행복해진다.

9. 업무를 타인에게 맡기는 효율화를 추진한다

정보 기업가가 되어 성공하는 비결의 마지막은 전부 혼자서 하지 않는 것이다. 로버트 키요사 씨의 『부자 아빠, 가난한 아빠』를 비롯한 일련의 시리즈를 읽은 분도 많을 것이다. 개중에 네 가지 수입원을 나타낸 '캐시 폴로 쿼드랜드(원을 4등분한 것)'가 나와 있다. 이것은 수입원이 크게 4개 있다는 것을 말하고 있다.

$$\begin{array}{c|c} E & B \\ \hline S & I \end{array}$$

B…비즈니스 오너(사업가)

I…투자가(investor)

E…종업원(employee)

S…자영업자(self-employed)

부자아빠의 캐시 폴로 쿼드랜드

같은 기업가라 해도 S타입의 자영업자적인 사람과 B타입의 비즈니스 오너적인 사람이 있는데 대부분의 기업가는 '비즈니스 오너'를 지향하면서도 모르는 새 '자영업자'로 끝나 버린다. 사실 두 개의 쿼드랜드란 비즈니스 스타일의 지향성의 차이다. 회사의 규모나 종업원의 인원으로 정해지는 것은 아니다. 어떤 비즈니스를 본인이 요구하는가, 다시 말해서 발상법에 의한 것이다.

자영업자란 어떤 사람인가?
타인에게 일을 맡기지 않고 혼자서 묵묵히 일하는 사람이다. 의사나 변호사, 세리사와 같이 지적 직업에 종사하고 있는 사람도 의외로 많다. 요컨대 자영업자란 '무엇이든 스스로 해서 돈을 버는 장인 발상을 지닌 사람'을 말한다.

한편 비즈니스 오너는 될 수 있는 한 타인에게 일을 맡긴다. 팀을 만들어서 효율적으로 일을 하는 것이다. 사람의 노동력이나 시간을 사용하여 돈을 낳고 자신은 '생각하는 것'을 최우선한다. 또한 사업 시스템을 가지고 사업을 더욱 확대해 나간다.

즉, 비즈니스 오너란 '무엇이든 남에게 맡겨서 돈을 버는 시스템 발상을 하는 사람'이다.

애써 기업해도 잘 안 되는 사람의 대부분은 무엇이든 자신이 하려고 하기 때문이다. 여기서 말하는 S타입의 자영업자 모델에서 벗어날 수 없다. 갓 회사를 만들 무렵은 무엇이든 자신이 해야 한다. 홈페이지를 만들고 상품을 만들어서 발송하는 것부터 시작해서 돈을 회수하는 업무 등 많은 일을 전부 스스로 할 필요가 있다. 그러나 자신이 해서 일련의 방법을 기억하였으면 외주를 줄 수 있는 것은 철저히 외주에 맡긴다. 또한 시스템화할 수 있는 것은 철저히 시스템화한다. 그렇게 하여 자신이 관련하는 시간을 줄여 나가지 않으면 길이 막혀 버린다. 그다음 무대에 나아갈 수 없는 것이다. 작업에 쫓겨서 가능성 있는 고객을 모을 계획을 세울 수 없다. 또한 새 상품의 아이디어를 고안할 시간조차 가질 수 없는 것이다. 이 시간의 자유도의 유무가 승패의 갈림길이다. 때문에 기업가는 전부 무엇이든 자신이 하는 자영업자가 아니라 타인의 시스템이나 돈을 이용하는 비즈니스 오너가 되는 것이 좋다.

샐러리맨이라도 비즈니스 오너가 될 수 있다. 자신이 전부 떠맡지 말고 타인에게 돈을 지불해서라도 업무를 효율화하려고 하는 발상만 가지고 있으면 된다.

부자가 되는 비결은 양을 소화시키는 것이다. 고객이 많이 있으면 그만큼 돈이 많이 들어온다. 일이 많이 있으면 비즈니스 찬스가 그만큼 많이 생기는 것이다. 그러나 자영업자 발상으로는 양을 소화시킬 수 없고 확대할 수도 없다. 어떤 기업가도 궁극적으로는 비즈니스 오너가 되어 '경영자가 현장에 없어도 수익이 올라가는 비즈니스 모델을 만드는 것'을 필요로 한다. 스몰 비즈니스라도 맥도

널드처럼 사업 그 자체가 상품으로서 비싸게 팔리도록 시스템화해 나가는 것이 요구되는 것이다.

10. 품격이 없으면 가치가 떨어진다

'성공 청부업자'라고 자칭하는 재미있는 정보 기업가가 있다. 니시야마 씨(인포베이스 회사 대표 http://www.infobase.co.jp)는 운송업을 경영하는 한편 사업가 네트워커의 양성 컨설턴트를 하고 있다. 니시야마 씨는 현재 '사업가 양성 학원'을 개설하여 전국을 돌아다니면서 기업하고 싶은 사람에게 성공하는 방법을 가르치고 있다.

'인생은 믿음!'이라고 확신 있게 단언하는 니시야마 씨는 사업가로서 성공하려면 그 사람의 에너지 수준을 올리는 것이 불가결하다고 말한다. 진정 성공하고 싶은 사람으로부터는 플러스 에너지가 나오고 있으니까 레벨이 높은 사람들이 다가온다. 반대로 어둡고 소극적이며 기분이 좋지 않은 사람으로부터는 마이너스 에너지가 나와서 레벨이 낮은 사람들이 모여든다. 성공의 결정적 수단이 되는 플러스 에너지의 근원이 '꿈'이기 때문이다. '꿈이 없는 사람 중에는 변변한 녀석이 없다'고 하는 것이 니시야마 씨의 지론이다.

그가 운영하는 꿈의 힘에 의해서 경영하는 운송 회사는 종업원도 50명이 넘고 창립 10년에 매상이 10배로 성장했다. 지금의 대성한 니시야마 씨이지만 젊었을 때 사업에 실패하여 몇 천만 엔이나 빚을 진 경험도 있다. 동시에 친구를 전부 잃는 처지가 되었었다. 그 원인은 '자신의 레벨이 낮고 사업가 감각이 부족했기 때문이다'라고 현재의 심경을 말한다. 또한 '아무리 돈을 벌고 있는 사람이라도 품격이 없는 사람은 성공했다고 할 수 없다. 품격은 세금의 납부 방법에서 나타난다'고 한다. 세금을 납부할 필요가 없다고 생각하고 있는 개인 사업가가 너무 많다고 니시야마 씨는 탄식하고 있다. 그래서 니시야마 씨는 갓 기업을 만든 사람들에게 아주 싼값으로 세무 회계 처리 서비스(매월 영수증만 보내 주면 확정 신고를 대행해 주는 것)를 시작했다.

샐러리맨이 부업으로 비즈니스를 시작해도 확정 신고를 하면 원천세의 일부가 되돌아올 가능성도 있고 법인화를 시야에 둔 공적 융자(이자가 극히 싼 주택 금융이나 중소기업 금융)를 받는 것도 가능해지기 때문이다. 돈을 벌고 나서 세금을 걱정하는 허술한 발상으로는 언제까지나 진짜 비즈니스 오너가 될 수 없다.

11. 파트너십, 서로의 강점을 활용한다

정보 기업가로 성공하는 비결의 마지막은 프로젝트 방식이다. 정보 기업가란 본래 개인 비즈니스다. 그렇다고 해서 무엇이든 자신이 해 버리면 몸이 몇 개 있어도 부족하다. 또한 요즘 가장 요구되는 스피드가 따르지 않게 된다. 자영업자 모델의 장인 발상에서 빨리 탈피해야 한다. 그 포인트가 '프로젝트 방식'이다. 자신의 강한 점을 살려서 친한 사람들과 여러 가지 프로젝트를 만들어서 유연하게 비즈니스를 전개해 나가는 방법이 이 시대의 경향이나 풍조에 맞는다.

나는 메일 매거진으로 프로젝트 파트너를 모집한 적이 있다. 다만 이런 프로젝트를 하고 싶다는 구체적인 내용은 아무것도 쓰지 않았다. 나와 뜻을 같이 해 줄 우수한 프로젝트 파트너가 필요했을 뿐이다. 상품이나 서비스는 그 파트너들과 이야기하면서 정해 나가면 된다고 생각했다. 그래서 어느 정도 파트너 후보가 모였는가 하면 숫자상으로는 상당수의 응모가 있었고 대응하는 것도 힘들었다. 그런데 의도했던 것과 약간 빗나간 것은 대부분의 응모자가 내 메일 매거진으로 그들의 상품을 알려서 팔아 달라는 것이었다. 당연히 판매 마진도 내놓는다는 것이다. 이와 같은 동기는 불순하지도 않고 비즈니스로서는 정당한 것이지만 한 걸음 잘못 내딛게 되면 내 연구회가 그들의 단순한 판매 대리점이 될 가능성이 있었다.

나는 어디까지나 '프로젝트'를 파트너십으로 전개하고 싶었고 단순한 판매 대리점은 되고 싶지 않았다. Win & Win을 바라고 있었던 것이다. 그래서 태세를 다시 취했다. 그런데 이와 같은 요구에 응해 주어서 좋은 비즈니스 파트너가 된 사람도 있다. 현재 우리 연구회의 고문을 맡고 있는 나네모리 합동 법무 사무소 대표인 카나모리 시게키 씨나 소피 더 경영자 영어 대학의 미우라 데츠 씨들이다. 그들과는 바로 Win & Win으로 서로 만나고 있다.

나의 친구로 비즈니스 프로듀서인 데이빗 히라키 씨가 있다. 그는 프로젝트에 의한 비즈니스를 많이 만들어 내고 있는 대표적인 기업가다.

예를 들면 영어 교재 개발에 있어서는 일체 외주를 주는 일이 없이 그의 교우 관계에 있는 사람들에게만 일이 돌아가게 되어 있다. 영어 테이프를 취입하는 외국인도 그의 친구, 스튜디오에서 믹서

(음성이나 영상 혼합을 하여 조종하는 기사)를 사용하는 것도 그의 친구, 대본을 만드는 것은 모두 모여서 하는 형식으로 교제를 개발하여 판매하는 사업 그 자체가 프로젝트가 되어 있다. 그 제작진은 그를 중심으로 한 친구 네트워크다. 재미있는 것은 그 제작진의 인건비가 일체 들지 않는다는 것이다. 교재 매상에 '인세 방식'을 채용함으로써 개개의 제작진이 판 금액에 따라 수입이 들어오게 되어 있다. 이것은 대단히 꿈이 있는 비즈니스 스타일이다. 보통은 제작진의 인건비를 지불해 버리면 제작진은 그 상품과의 관계는 끝나지만 인세 방식을 채택함으로써 그들의 의욕은 각별히 향상된다. 또한 좋은 것을 만들기 위해 자주적으로 미팅을 한다. 팔기 위해 모두 지혜를 짜낸다. 미래를 선취한 방법이라고 생각하고 있다.

정보 기업가도 여러 가지 형태로 프로젝트 방식을 채용하기를 권한다. 돈의 분배 방법은 그야말로 프로젝트 멤버들이 서로 좋도록 정하면 된다. 상품의 질을 모르는 판매 대리점이 되기보다 훨씬 즐겁게 일할 수 있다. 사실 나도 비즈니스 파트너와 일하는 방법은 이 프로젝트 방식을 채용하고 있다. 일도, 돈벌이도, 기쁨도 서로 나눈다. '분배 스타일'이 앞으로의 중요한 성공 키워드가 될 것이라고 생각하기 때문이다.

SPECIAL INTERVIEW

싸우는 승부 자리를 바꿨기 때문에 나는 승리 팀이 되었다

정보 기업가 연구회 고문 및 카나모리 합동법무 사무소 대표
카나모리 시게키 씨

> 1970년 생. 도쿄 대학 법학부 졸업.
>
> 비즈니스 프로듀서. 시스템화로 성공한 이색적인 행정서사, 중소기업 진단사. 3년은 먹고 살 수 없다고 하는 행정서사 사무소 개업 첫 달에 팩스 DM(direct mail)에 의한 손님을 모으기로 월간 매상 100만 엔을 올렸고, 개업 첫해에는 30개가 넘는 지부를 갖는 상속 처리의 전국 체인을 구축했다. 또한 손님 모으기의 노하우에 관한 메일 매거진도 호평을 받고 있다.

정보 기업가 연구회의 고문을 맡고 있는 카나모리 시게키 씨는 '승리 팀'의 행정서사다. 약력에 있듯이 카나모리 씨는 도쿄 대학 법학부 출신이지만 변호사나 사법서사가 아니라 감히 행정서사로 기업가의 길을 택하여 대성을 거두고 있다. 카나모리 씨의 이야기는 바로 정보 기업가로서 성공을 불러들이는 발상의 보고다.

인터뷰 마키노 마코토(저자)

대체로 행정서사란 어떤 일을 하고 있습니까?

회사 설립, 인허가 업무, 이혼 협의서, 유언장의 작성 등 민사적인 업무를 취급하고 서류 작성을 하는 것이 주 업무입니다. 법률 관계 자격의 난이도는 행성서사가 제일 간단하고 사법서사, 변호사의 차례로 어려워집니다. 자격이 위로 올라갈수록 비정형적인 업무가 늘어 가고 '사고'가 필요하게 됩니다.

행정서사의 평균 연 수익은 300만 엔 정도. 유자격자는 일본에 3만 명 정도 있는데 행정서사 전업으로 생활하고 있는 사람은 적은 것이 실정입니다.

왜 그런 어려운 행정서사의 일을 택하셨습니까?

봉급생활자 시절에 주식 공개 업무를 맡고 있었는데, 업무상 필요했기 때문에 행정서사의 자격을 취득한 것이 시초입니다. 회사를 그만두고 애써 취득한 자격도 있기 때문에 행정서사의 일을 시작했습니다. 처음부터 이길 수 있다는 생각으로 도전한 것은 아니고 잠깐 들여다볼까 하는 느낌이었다고 할까요. 전략을 구축하는데도 우선 내용을 들여다보지 않고서는 뭐라 말할 수 없기 때문에 들여다본 겁니다. 그다음에 전략을 구축했다고 해야겠지요.

어떻게 행정서사로 성공할 수 있었습니까?

정보 사업 관점에서 보면 행정서사는 다른 사土자가 붙은 직업보다 CD 매뉴얼 판매 등 콘텐츠화하기 쉬운 장사입니다. 앞에서 말한 연수라는 것은 혼자서 일한 것을 전제로 한 것인데 이것을 시스템으로 생각한 경우에는 문제가 전혀 달라집니다. 사실 행정서사의 일은 패턴화된 업무가 많고, 일정한 형태로 처리하기 쉽기 때문에 시스템화에 어울립니다. 이에 대해 변호사는 자신이 법적 판단을 하거나 법정에 직접 나가야 하기 때문에 시스템화에 어울리지 않습니다. 시스템화에 어울리는 업무는 대량으로 처리할 수 있으면 전체적으로 보았을 때 매상이 제일 커집니다. 5배 처리하면 연 수익 300만 엔이 단숨에 1,500만 엔이 됩니다. 나는 이 시스템을 활용함으로써 일반 행정서사와의 차별화를 꾀하고 성공한 겁니다. 양도 그렇지만 마케팅의 수법도 스피드도 다른 것과는 전혀 다릅니다. 상속인 경우 월간 수백 건, 보통 행정서사 한 사람이 평생 걸려서 하는 일을 우리 사무소에서는 1개월에 처리합니다.

어떤 면을 시스템화했습니까?

행정서사의 업무는 크게 네 가지로 분류되어 있습니다. 우선 고객 모으기(마케팅), 다음에 계약 체결, 그리고 서류 작성, 마지막이 대금 결제입니다. 보통 행정서사는 이 업무를 전부 혼자서 처리합니다. 나는 이 개개의 업무는 모듈(부품)이라 간주하고 이 모듈을 시스템화함으로써 전부 혼자서 떠맡지 않도록 하였습니다. 영업을 하고 있으면 업무를 처리할 시간이 없고, 업무를 처리하고 있으면 영업할 시간이 없어집니다. 그래서는 양의 확대를 기할 수 없게 됩니다.

지금은 정보 기업가로서는 대단히 좋은 시대입니다. 아웃소싱을 아주 싼값으로 할 수 있기 때문입니다. 전화를 받는 것은 비서 대행 센터가 월 1만 엔에 맡아 줍니다. 서류 작성은 파트의 보조자에게 맡기면 됩니다. 필요한 신청 서류를 CD에 담아서 판매하고 그다음에 메일로 온라인 지원(서비스)할 수도 있습니다. 메일 회신도 *SOHO를 사용하면 분산 처리가 가능하고, 물건을 파는 것이라면 대금 결제도 상환 대금이라는 선택도 할 수 있습니다. 자신이 가게에서 직접 손님을 받지 않아도 됩니다. 그러면 상권도 단숨에 전국으로 퍼져 나갑니다. 이와 같이 개개의 파트를 단계적으로 개량해 나가서 조금씩 효율적인 시스템을 만들어 가는 겁니다.

  나의 방법은 업무를 완전히 각 부분(모듈)으로 분해합니다. 그리고 각 부분에 개량을 가해 갑니다. 고객 모으기 부분의 업무라면 모듈 방식은 모두 같기 때문에 내용을 바꿔 넣으면 됩니다. '상속'으로 고객을 모으고 있던 것을 '이혼'으로 한다든가 '회사 설립'으로 한다든가, 그 부분만 바꿔 넣으면 됩니다.

  처음에 기본 시스템 하나가 만들어지면 콘텐츠를 늘려감으로써 매상을 추구할 수 있습니다. 이 시스템을 보다 고도로 하면 메일링 리스트를 사용하여 정보의 공유화에 의해서 스태프

---

*SOHO(small office home office) : 사무실 밖에서 네트워크를 이용하여 일하는 형태.

가 자동적으로 영리해지기 때문에 날리지 베이스knowledge base를 구축을 할 수 있습니다.

예를 들면 yahoo의 e그룹을 사용하면 메일링 리스트의 이용은 무료고, 여기에는 무료 데이터베이스도 있어서 작업의 진척 상황을 온라인으로 일원화하여 관리할 수 있습니다. 게다가 거의 무료로 할 수 있습니다.

또 콘텐츠 판매의 아웃소싱도 배송이나 라벨링labeling, 슈링크shrink(수축), 포장, 대금 회수 등 돈을 약간 지불해 주는 서비스가 많이 있습니다. 자신이 하나부터 열까지 모두 혼자서 할 필요는 없습니다.

시스템화가 포인트라는 거군요.

네, 남의 머리, 남의 힘, 남의 돈을 이용하는 것이 중요합니다. 그렇지 않으면 *리버리지leverage를 할 수 없고 일을 스스로 찾을 수 없습니다. '약자'가 많은 행정서사 마켓에서는 이쪽에서 그들에게 일을 만들어 줄 수 있는 힘을 갖게 되면 거래 조건을 조절할 수 있습니다.

---

*리버리지leverage(지레) : 차용 자본 이용.

'비어 있는 시간이라도 상관없습니다. 그 대신 이 금액으로 부탁합니다' 하고 부탁하면 기꺼이 찾아오게 마련입니다. 이 방법은 일이 없어 곤란해 하고 있는 시장이면 무엇이든 적용할 수 있습니다. 기계나 공장 등은 공원이 손을 놓고 있을 때면 싼 값으로 해 달라고 하면 충분히 싼 가격으로 발주할 수 있지 않겠습니까.

그밖에 이익률을 높이려면 어떻게 하면 됩니까? 나는 저가격 전략에 대해서는 의문입니다.

행정서사가 벌이가 안 되는 이유의 하나로 값의 덤핑이 있습니다. 싸게 하면 고객이 좀 더 오겠지 하는 잘못된 인식으로 값을 싸게 하고 있는 겁니다. 하지만 예를 들어 회사 설립 비용이 9,800엔이면 이상하게 생각지 않습니까.

그렇게 싼 비용의 사무소는 신뢰할 수 없습니다. 뭐든지 싸게 하는 게 아니라 '가치 있는 것'을 '신뢰할 수 있는 가격'으로 제공하면 됩니다. 모든 것에는 적정 가격이라는 것이 있으니까요.

정보 기업가는 저가격 전략에 치우치지 말고 비가격 경쟁으로 승부할 수 있는 영역으로 이끌어 가지 않으면 성공할 수 없습니다. 값이 싸다고 해서 고객이 모이는 것은 아니니까요.

값싼 것을 제일로 하지 말라는 말이군요.

다만 우리도 값을 극단적으로 싸게 하고 있는 서비스가 있습니다. 예를 들면 한 건당 1,000엔의 메일 상담. 이것은 메일 상담이 목적이 아니라 다음 서류 작성이나 고문 비용을 받음으로써 전체의 수익을 올리려는 전략입니다.

입구에서 대단히 값싼 선을 설정해 두면 동종 타사는 그 값으로는 타산이 맞지 않으니까 들어올 수 없습니다. *파이어 월 fire wall의 기능을 갖게 하기 위해 전략적으로 싸게 하고 있는 겁니다.

단순한 덤핑으로는 의미가 없으니까 종합적으로 가격 선을 정해서 최종적으로 정확히 이익이 오르도록 생각하고, 제품 라인업lineup(진용)을 구축해 두는 것은 의미가 있습니다. 이로 인해 타사가 흉내 내지 못하는 사업 모델을 만들 수 있습니다.

---

*파이어 월fire wall : 컴퓨터나 네트워크를 외부에서의 부정한 침입으로부터 지키기 위한 방어 시스템.

성공을 거두고 있는 카나모리 씨 입장에서 볼 때 정보 기업가에게 필요한 능력이란 뭘까요?

아무튼 '시스템화의 발상'이 없으면 언제까지나 버둥거리고 있는 자영업자에 불과하고 진정한 기업가는 될 수 없다고 생각합니다. 사람의 힘을 빌리는 시스템을 이치에 맞도록 생각해서 만드는 능력이 중요하지 않을까요. 왜냐하면 하나의 콘텐츠 개발은 좋지만 장사가 움직이기 시작하고 포장, 발송, 청구서 등으로 바빠져서 혼자서 버둥거리고 있어서는 두 번째 콘텐츠는 죽을 때까지 만들 수 없기 때문입니다.

또 진히 다른 시점을 한 사람의 인간이 갖는 것은 제법 어려운 일이어서 서로 모순된 시점으로 볼 수 있게 되기 위해서는 많은 책을 읽을 필요가 있습니다. 많은 책을 읽고 자신의 인격이 분열되고 있는 것은 아닌가 라는 것 정도는 여러 가지 견해를 가질 수 있게 되면 잘 알 수 있겠지만, 자신의 사업이 잘 되었다는 과거의 성공 체험에 사로잡혀 있으면 발전은 가망이 없습니다. 시장이 성숙기를 맞아서 이익을 올릴 수 없는 시장에 집착해 있을지도 모르니까요.

그리고 잡지를 읽는 것도 좋습니다. 나는 이전에 온갖 주간지를 읽고 있었습니다. 거기에는 갖가지 *카오스(khaos:혼돈)가

존재하고 있어서 그런 것을 머릿속에 넣으면서 지금의 세상을 생각하면 뇌가 활성화되어서 '이것도 할 수 있고 저것도 할 수 있다'고 생각하게 된다. 그런 상태를 거치지 않으면 독창적인 좋은 성과는 거둘 수 없습니다.

신문이나 잡지 매체뿐만 아니라 갖가지 발상을 안다는 의미에서는 정보 기업가의 동료들과 떠들썩하게 이야기 해 보는 것도 중요합니다. 서적이나 잡지, 사람과의 교류 등을 통해서 인풋(입력) 하는 양은 대단히 중요합니다. 나 같은 사람은 머릿속이 뒤범벅된 생각으로 넘치고 있으니까요. 하지만 아웃풋(출력) 할 때는 이로 정연하게 이치에 닿게 하여 성과를 거두게 됩니다.

반대로 머릿속이 이로 정연해 있는 사람은 진부한 성과밖에 거두지 못합니다. 봉급생활자는 오늘은 몇 시부터 몇 시까지 이것을 해야 한다는 등 머릿속이 이로 정연해 있습니다. 즉, 발상이 나오게 되는 양분이 없기 때문에 나오는 성과도 진부한 것이 되어 버리는 겁니다.

*카오스khaos : 기상 현상, 난류나 생태계의 변동 등으로 볼 수 있다.

틀에 박힌 봉급생활자의 발상으로는 안 된다는 거군요.

좋든 나쁘든 일본인은 봉급생활자가 사는 나라라고 생각합니다. 이것이 정보 기업가의 발상지이며 일본보다 20년 가까이 선행하고 있는 미국과의 큰 차이가 아니겠습니까.

샐러리맨의 세계에서는 기업가가 되려고 하면 "그런 바보 같은 짓은 그만둬. 부인이나 아이도 있지 않은가" 하고 상사가 만류합니다. 기업하여 실패하면 "그래서 그때 말하지 않았나" 하고 실패를 힐책합니다.

미국은 기업, 전직이 당연하며 자신의 라이프스타일을 스스로 결정할 수 있습니다. 한편 일본은 실패를 절대로 용서치 않는 나라, 폐쇄감이 대단히 강한 나라라고 생각합니다.

미·일의 차이를 정보 사업의 관점에서 보면 사고의 프레임워크framework(체제)가 다릅니다. 사고방식이나 발상 방법이 다른 것이지요. 어렸을 때부터 독창적으로 새로운 것을 만들고자 하는 트레이닝이 되어 있지 않은 것이 일본 사회입니다.

사업을 창조하는 트레이닝이 되어 있지 않은 나라가 일본입니다.
그렇게 생각합니다. 자유롭게 구김살 없는 발상을 하려고 머릿속에서 생각하는 순간 안 된다는 마음의 브레이크가 걸려 버리는 겁니다. 액셀과 브레이크 양쪽을 밟고 있는 상태이니까 좋은 발상이 전혀 나오지 않습니다. 그 껍질을 깨부수기 위해서도 앞에서 말한 바와 같이 인풋을 많이 하여 뇌를 활성화시킬 필요가 있습니다.

앞으로 정보 기업가를 지향하는 사람은 무엇부터 시작하면 좋습니까?

지금 내가 하나부터 정보 기업가를 하고자 한다면 〈마그마그〉로 부수 검색을 하여 3,000~5,000부 정도의 부수를 발행하고 있는 메일 매거진을 찾아서 공동으로 사업할 것을 제안합니다. 장사가 아니라 개인의 메일 매거진이 좋습니다.

예를 들면 남편에게 오늘 밤에 내놓을 '안주'에 대해서 취미로 발행하고 있는 메일 매거진이 있다고 합시다. 메일 매거진을 모아서 요리법 모음집으로 해서 판다, 요리법을 비디오로 만들어 판다 등 안주를 놓고 술 마시는 *오프라인 미팅을 개최합니다. 독자를 모집해서 요리 교실을 운영한다, 맛의 평가를 모아서 데이터베이스로 해도 좋습니다. 어쩌면 안주 전문가로

---

*오프라인 미팅 : 네트워크 상의 커뮤니티community 멤버가 실제로 만남을 갖는 모임. 이 자리에서 처음 얼굴을 마주 대하는 경우가 많다.

서 텔레비전에 출연하게 될지도 모르고 강연도 할 수 있게 될지 모른다, 나아가서는 편의점의 안주를 프로듀스해도 좋다 등의 이익 분배하는 겁니다.

이미 눈앞에 많은 고객이 있는데 캐시 포인트(어디서 캐시가 생기게 될까)가 어디에 있는지 모르는 사람이 많습니다. 캐시 포인트를 확인하는 능력은 중요합니다.

한 번 노동을 했으면 콘텐츠를 재이용, 재가공하여 몇 번이고 보수를 받는 구조로 가지 않으면 안 됩니다. 한 번의 노동으로 한 번의 보수밖에 벌지 못한다면 그만두는 것이 좋습니다.

마지막으로 정보 기업가가 되고 싶은 독자에게 메시지를 부탁합니다.

정보 기업가가 되려면 '욕망'이 필요합니다. 돈이 이만큼 필요하다, 그것으로 풍부한 생활을 하고 싶다는 욕망. 그다음은 물욕은 곧 충족되어 버리기 때문에 즐거움을 추구하는 욕망. 일련의 실험(테스트 마케팅)이 예정대로 움직이기 시작하면 정말로 즐거워집니다. 게다가 매일이 월급날이기 때문입니다. 물론 큰 것이 맞았을 때는 보너스도 들어옵니다.

개인차는 있겠지만 적절한 상품과 방법에 실수만 없으면 3년 정도 분발하면 연 수익 수천만 엔은 벌 수 있을 겁니다. 샐러리맨의 연 수익 정도를 벌 거라면 1년이면 충분할 겁니다.

　스테이지를 초월하면 얼마든지 벌리는 세계이지만 그 스테이지를 초월할 때까지는 정보 기업가의 성공자들에게 도리를 배우는 것이 빠릅니다. 시간도 아까우니까. 고객을 모으는 노하우에 대해서는 내 메일 매거진에서도 소개하고 있습니다. 여러분도 부디 함께 성공해 나갑시다.

이것이 결정적 수단이다!
성공으로 이끌어 주는 6가지 요인

1. 일반적인 감각이 고객의 마음을 사로잡는다

지금까지 말해 온 것처럼 정보 기업가는 어떤 특별한 재능이나 기술을 가지고 있는 사람만 할 수 있는 것이 아니다. 보통 사람인 당신도 프로 정보 기업가가 될 수 있다. 물론 어떤 전문 분야를 가지고 있는 사람이 정보 기업가가 되기 쉽다. 하지만 돈을 벌 수 있는 전문 분야는 당신이 생각하고 있는 것 이상으로 폭이 넓다. 팔리는 전문 노하우=가치 높은 정보는 뜻밖의 곳에 많이 굴러다니고 있다.

예를 들면 몸이 뚱뚱하고 머리도 약간 대머리가 벗겨진 내성적인 중년 독신 남자가 있다고 하자. 대학은 나왔지만 명문 대학이 아니다. 직업도 수수하다. 모처럼의 만남의 찬스가 있어도 긴장해서 제대로 이야기를 하지 못한다. 상대의 전화번호는 물론이고 상대 이름조차 제대로 묻지 못한다. 당연히 이런 남자는 여자에게 인기가 없다. 지금까지 여성과 사귄 경험도 거의 없을 것이다. 그래서 그는 여성과 만나지 않고 커뮤니케이션할 수 있는 방법-'메일 회화술'로 여자친구를 만들기로 결심했다. 내성적인 그에게 알맞은 방법이었기 때문이다. 그는 책을 좋아해서 문장을 잘 쓴다. 때문에 메일을 쓰는 것은 어렵지 않았다.

실패도 많이 했다. 메일을 몇 번이나 보냈으나 그때마다 차였고 의기소침해진 상태였다. 그러나 몇 십 명이나 되는 여성들과의 메일 교환을 계속하고 있는 사이에 '자신의 내면의 장점'을 메일로 전달하는 요령을 알게 되었다.

인사말을 쓰는 방법, 자기를 소개하는 방법, 상대와 즐겁게 서로 주고받을 수 있는 회화술 등 '성공의 법칙'을 터득했다. 그 결과 마침내 주위 남자들이 부러워할 정도의 미인 여자친구가 생겼다.

그 비밀은 그가 고심하여 획득한 '여성에게 한 번도 만나지 않고 메일로 간단히 친해질 수 있는 방법'에 있었다.

세상의 독신 남성 여러분, 어떤가? 이 방법을 돈 내서 사고 싶지 않은가?(이런 노하우는 실제로 판매되고 있다.) 의심스러운 노하우로 보이지만 이와 같은 방법을 진심으로 원하는 순수한 남성(고객)은 대단히 많이 있다. 나의 친구 중에도 여자친구를 만들지 못해 곤란해하고 있는 중년 남자가 몇 명 있다.

인기가 없는 이유는 '상대와의 커뮤니케이션 방법'에 문제가 있는 경우가 많다. 그러나 그것을 알고 있는 사람이 적다는 것이 큰 문제점이다. 그 '해결 방법'만 명확히 제시할 수 있다면 여자친구가 생기지 않아 곤란해 하고 있는 많은 남자들의 고민을 해소할 수 있을 것이다. 또한 훌륭한 '전문 노하우'로서 통용될 수 있으며, 가치 높은 정보로서 팔 수 있는 거대한 마켓이 보일 것이다.

여기서 주의해야 할 것은 그가 특수한 기술을 가지고 있었던 것이 아니고 '자신의 성공과 실패의 경험을 통해서 노하우화'한 점이다. 게다가 그 자신이 보통의 중년 남자라는 것도 포인트다. 근사한 직위도 아니고 명문대 졸업생도 아니다. 이 '사람 크기와 똑같은(등신대) 보통의 감각'이 매우 중요하다. '친근감'과 '안심감'을 고객이 느끼기 때문이다.

상품의 서비스를 파는 사람은 누구나 넓은 의미에서는 정보 기업가다. 상품 서비스도 정보이기 때문이다. 그리고 소비자는 정보를 사고 있다. 정보가 없으면 상품을 선택할 수 없기 때문이다. 상품의 품질에 차이가 없어도 팔리는 것과 팔리지 않는 것이 있다. 그것은 정보력에 차이가 있기 때문이다. 정보력이란 양도 있지만 '파는 방법'이 중요하다. 때문에 어떤 장사를 하는 사람이라도 프로의 정보 기업가를 지향하는 것이 좋다. 정보 기업가란 특별한 사람이 아니다.

2. 시간, 연령, 성별에 구애받지 않는다

나는 긴자의 클럽에서 일하는 20대 후반의 여성과 장래의 사업 계획에 대해 상담을 한 적이 있다. 그녀는 지방에서 갓 상경하였다고 했다. 그리고 무엇보다 빨리 돈을 벌 수 있다는 이유로 시급이 높은 클럽을 택했다. 그런데 밤 아르바이트만으로는 도쿄에서의 생활은 어렵다. 낮에 하는 일도 찾고 있는데 희망하는 일자리를 좀처럼 찾지 못했다. 연령과 경험 부족이 애로 사항이 되어 있는 모양이었다. 장래의 꿈은 분위기 좋은 멋진 음식점을 개업하는 것. 또 인테리어 코디네이터로서 독립하여 생계를 유지하도록 하고 싶다는 것이었다. 보통은 상업 디자인을 다루는 회사에 들어가서 커리어를 쌓는 것이 독립하는 지름길이라고 그녀도 생각하고 있었다. 그런데 그와 같은 회사에 입사할 수 있는 기술이나 경험이 전혀 없었다. 부득이 전문학교에 들어가서 공부하는 것부터 시작하려 하고 있는데 그 비용을 댈 여유도 없었다.

경험이 풍부한 독자라면 그녀에게 어떤 도움말을 하겠는가?
돈이 모일 때까지 기다리라고 하겠는가?
비현실적인 꿈을 단념하라고 말할 것인가?

나는 그녀에게 다음과 같은 질문을 했다.
그녀가 의식하고 있지 않은 '진심으로 하고 싶은 것'을 찾기 위해서다.

저자 >>> 지금까지 해 온 일 중에서 제일 즐겁게 했던 일은 뭡니까?

그녀 >>> 속옷의 *파티 판매입니다. 부인들에게 매력적인 속옷을 팔고 있을 때 매일이 즐거워 견딜 수 없었어요. 판다는 것은 전혀 어렵지 않았어요.

저자 >>> 어떤 때 당신은 진심으로 만족하고 있었습니까?

그녀 >>> 내가 권하는 매력적인 속옷을 사고 고객에게 "감사합니다."라는 말을 듣는 것이 정말로 기뻤어요. "당신이 권하기 때문에 사는 거예요." 하고 고객이 몇 번씩 말한 적이 있어요.

저자 >>> 얼마나 벌고 있었습니까?

그녀 >>> 많을 때는 한 달에 100만 엔 정도예요. 저 나름대로 연구하고 노력해서 팔 수 있는 세일즈 토크도 익혔어요. 톱 세일즈도

---

*파티 판매 : 이웃 주부들을 개인의 집을 모임 장소로 한 홈 파티나 요리 강습회에 불러들여서 상품을 비싸게 파는 것.

몇 번 됐어요. 그러나 당시는 돈에 대한 의식은 별로 없었어요.

저자 ⟫ 왜 그 회사를 그만뒀습니까?

그녀 ⟫ 사내의 분쟁에 말려들어서 그만두지 않을 수 없었어요. 그때 두 번 다시 이런 방문 판매하는 일은 하지 않겠다고 결심했습니다. 조직 사정으로 여러 가지 결정하는 것이 싫어졌어요.

저자 ⟫ 학교에 들어가 공부해서 어느 회사든 입사하여 몇 년 근무할 계획이라면 가게를 가질 때까지 상당한 기간이 걸린다고 생각지 않습니까? 시대도 크게 변할 것이고.

그녀 ⟫ 그렇지만 그것이 지금 생각할 수 있는 최선의 방법이니까요.

저자 ⟫ 왜 가게를 갖고 싶다는 생각을 했습니까?

그녀 ⟫ 내가 택한 멋진 장식품이나 맛있는 음식을 고객들이 즐겼으면 해서요. 고객이 기뻐하는 얼굴이 좋아요. 고객에게 "감사합니다."라는 말을 듣고 싶어요.

저자 ⟫ 도쿄에서도 전에 성공한 일(속옷 판매)을 찾고 싶지 않습니까?

그녀 ⟫ 생각한 적이 없어요. 당장에 많은 돈을 버는 일만 찾고 있기 때문에….

저자 ⟫ 속옷 판매로 성공하는 것과 가게를 갖는 것은 별개입니까?

그녀 ⟫ 같아요. 나 자신을 파는 일이 좋을 것 같다는 생각이 들어요.

저자 ⟫ 그렇다면 속옷 판매로 장래 독립하겠다는 생각은 안 해 봤습니까?

그녀 》》》 그것을 도쿄에서 할 수 있으면 최고죠. 파는 일에는 자신 있어요. 독특한 수법도 이해하고 있습니다. 과거의 실패를 이번에는 활용할 수 있을 것 같은 느낌이 들어요.

저자 》》》 어떤 사람을 당신 자신의 가장 좋은 고객으로 하고 싶습니까?

그녀 》》》 이른바 유명인으로 돈을 가지고 있는 여성입니다. 40~50대로 사교적인 사람이 좋아요. 다만 그런 분이라도 자신에게 자신이 없는 사람이 많습니다. 내가 여성으로서의 매력을 100퍼센트 이끌어내 주고 싶어요.

그녀가 몰두하고 싶은 일의 키워드는 '미', '연출', '감동'이다. 그와 같은 키워드를 충족시키는 일을 찾는 것이 성공하기 쉽다. 큰 테마는 '꿈을 파는 장사'라고 해도 좋을 것이다. 나는 그녀에게 낮에 하는 일로서 속옷을 직접 세일하는 것과 비슷한 일을 찾도록 충고했다. 그리고 밤에 하는 일을 빨리 그만두어야 한다고도 충고했다. 그녀의 강점은 다른 사람이 흉내 낼 수 없는 그녀 나름의 지식과 노하우를 가지고 있다는 것이다. 게다가 세일즈에서 넘버원이 된 실적도 있다. 좀 더 중요한 것은 그녀가 그 일을 '아주 좋아한다는 것'이다. 그러므로 성공할 확률이 높다고 확신했다.

아마도 그녀에게 연 수익 1,000만 엔은 말할 것도 없고 3,000만 엔도 꿈은 아닐 것이다. 그녀의 지식이나 노하우를 정보 비즈니스화하여 서적, 비디오 등으로 판매하면 상당한 돈을 벌 수 있을 것이다. 아마도 프랜차이즈 전개도 가능할 것이다. 다이렉트 세일즈의 트레이닝 용 안내서로서 기업에도 판매할 수 있다. 본인은 깨닫지 못하고 있지만 그녀는 이미 정보 기업가다. 게다가 우수한 정보 기업가다.

정보 기업가는 이와 같이 한순간에 탄생하는 것이다.

3. 정보 기업가가 되는 7가지 스텝

어떻게 정보 기업가가 되면 될 것인지 그 스텝을 7가지로 좁혀서 간단히 소개한다.

1_밑천을 만든다

아무튼 우선은 밑천을 만들자. 씨를 뿌리지 않으면 맛있는 과일은 열매를 맺지 않는다. 정보 기업가가 되려면 그다지 자금이 들지 않는다. 홈페이지를 만들어서 메일 매거진을 발행하는 것만이라면 렌털 서버renter server 비용과 도메인 등록 비용, 액세스 해석 소프트 등으로 초기 비용은 5만 엔 정도다. 5만 엔으로 기업을 할 수 있는 사업은 달리 없다고 생각한다.(컴퓨터가 없는 사람은 사서) 다만 장사를 시작하면 역시 뭔가 돈이 들게 된다. 노하우를 취득하는 자기 투자 비용이나 광고 등의 프로모션 비용, 게다가 교통비나 교제비 등. 그래도 1백 만 엔도 들지 않고 오히려 그렇게 큰돈을 들여서는 안 된다고 생각한다. 20~30만 엔 정도 준비하여 소규모로 테스트 하면서 사업을 시작하면 될 것이다. 밑천이 있으면 마음에 여유가 생긴다. 이 여유는 매우 중요하다. 실패해도 고작해야 20~30만 엔 정도다. 경제적인 심한 타격이 적은 것이다. 아무리 소액이지만 기업을 위한 자금을 따로 준비하면 사고방식이 달라지게 된다. 또한 본격적으로 정보를 모으려고 한다. 때문에 진지해질 수 있다. 역시 벌어야 하니까.

나도 당초에는 소액으로 시작했지만 시험 삼아 시작한 정보 사업이 궤도에 오르기 시작했기 때문에 도중에 차 한 대 분의 돈을 쏟아 붓기로 했다. 그래서 어느 날, 아내에게 머리를 숙였다.
"절대로 손해 끼치지 않을 테니까 차 한 대 분만 쓰게 해 줄 수 없겠어?"
그것만 쏟아 넣어도 투자 회수할 수 있다는 자신이 있었기 때문이다.

2_이길 수 있는 전문 분야를 찾는다

다음은 어떤 정보를 팔 것인가 하는 전문 분야를 결정하는 작업이 된다. 이때 될 수 있는 한 많은 선택 항목을 생각하자. 양이 질을 능가한다. 대량으로 해 보고 싶은 아이디어를 내는 것이다. 하나나 둘로서는 안 된다! 수십 개, 될 수 있으면 100개 정도의 아이디어를 내 본다. 당신이 싫지 않다면 어떤 분야도 상관없다. 해 보고 싶은 것이라면 무엇이든 좋다.

다만 한 가지 조건이 있다. 당신의 정열을 쏟을 수 있는 전문 테마로 하는 것이다. 정열을 기울일 수 없는 것은 무엇을 해도 잘 안 된다. 싫은 것이라도 좋다. 하고 있는 동안에 좋아지게 되는 경우가 많기 때문이다.

포인트는 앞에서 기술한 바와 같이 '굶주린 고객을 찾는다'는 것이다. 당신이 하고 싶은 것이지만 고객이 없으면 돈은 벌 수 없다.

베스트셀러나 메일 매거진, 키워드 검색 등으로 '팔리는 마켓'을 조사해서 당신이 할 수 있을 것 같은 전문 분야를 결정하면 된다. 또한 될 수 있는 한 적이 없는 분야를 찾는 것이다. 공터가 많이 있을 것이다. 거기에 당신의 집을 짓자. 그 땅은 당신이 독점할 수 있다.

만약 당신이 이길 만한 마켓을 찾을 수 있을 것 같지 않으면 당신이 마음대로 마켓을 만들면 된다. 특히 정보 기업가는 슈퍼 울트라 카테고리(범주, 영역)의 전문가다. 어디에나 흔히 있는 전문가가 아니다. 조그만 마켓에서 톱을 지향하는 것이다. 좁고 깊게 파 들어가는 것이다.

3_독특한 이름을 붙인다

이것이다 하고 정한 전문 분야에서 예를 들면 '부업 프로듀서', '안주 전문가'와 같은 독특한 직업명을 붙이자. 이 '네이밍 전략'은 매우 중요해서 이름이 뛰어나면 뛰어날수록 성공 확률이 높아진다.

　미국의 컨설턴트 수는 2,000종류를 넘는다. 그만큼 수요가 있다. 색다른 것은 사원의 생산성을 향상시키는 '앉아 조는 방법을 가르치는 컨설턴트'도 있다.(요금이 한나절에 1만5천 달러나 되니 터무니없이 비싸다.) '아이디어란 바로 기존 요소에 새로 끼워 맞추는 것'(『아이디어 만드는 법』 제임스 W. 융 저)이다. 요컨대 낡은 아이디어에 당신의 아이디어를 덧붙이는 것만으로 새롭고 획기적인 아이디어가 탄생한다. 말 자체도 아이디어다. 말에 의해 새로운 직업을 무엇이든 만들 수 있다. 매력적인 이름에 의해 시장을 제패할 수 있다는 것을 기억해 두기 바란다.

4＿콘텐츠를 패키지화한다

고객의 소리에 귀를 기울여 정보 콘텐츠(정보 내용)를 패키지화하자. 하나의 콘텐츠를 카세트테이프, CD, 비디오, 전자북ebook, 서적, 소책자, 강연회, 세미나 등 여러 가지 패키지 상품으로 변환할 수 있다. 포인트의 하나는 '정보의 계통을 세워서 고객이 선택하기 쉬운 상품으로 한다'는 것이다. 이것은 상품을 알기 쉽게 분류하는 센스(Assortment: 효율적으로 상품 구색을 갖추는 것)가 문제시된다. 또 하나는 '스텝업(step up: 진보)할 수 있는 상품을 준비한다'는 것이다.

　예를 들면 입문용 → 중급용 → 상급용의 상품을 만든다. 입문용으로 만족한 사람은 그 후, 중급용, 상급용으로 스텝업한 상품을 구입하는 경우가 많다.(상품의 선택 항목을 늘려서 선택하기 쉽게 한다는 목적도 있다.)

5_비싸게 팔도록 부가가치를 높인다

가격을 매기는 것은 극히 중요하다. 한 번 매긴 가격은 싸게 할 수 있어도 값을 올릴 수는 없다. 때문에 상품이나 서비스에 적절한 가격을 테스트하여 정해 나간다.[전문적인 조사 방법으로는 PSM(Price Sensitivity Measurement)분석 등이 있다.]

 '가격이 싸면 반드시 팔린다'는 것은 환상이다. 비싸게 팔릴 수 있도록 부가가치를 높여 나가는 것이다. 오히려 정보 사업은 고객 상품을 노린다고 기억해 두기 바란다.

6_자신의 미디어를 만든다

드디어 홈페이지를 개설한다. 전용 도메인을 등록하고 전용 렌털 서버를 계약한다. 여기서 주의해야 할 것은 한 테마=한 홈페이지라는 것. 실수라도 무엇이든 있는 쇼핑몰형으로 해서는 안 된다. 가벼운 홈페이지로 만든다. 고객에게 스트레스를 느끼지 않게 하는 것이 중요하다. 동화動畵같은 것은 필요 없다. 텍스트 중심으로 가자. 또한 홈페이지는 '우수한 영업 사원'이다. 당신 대신 상품이나 서비스를 팔아 주게 되어 있는지 체크할 필요가 있다.

 ◆ 무엇을 팔고 있는 홈페이지인지 바로 알 수 있는가?

- 사고 싶은 사람이나 자료를 청구하고 싶은 사람이 바로 주문할 수 있게 되어 있는가?
- 고객의 소리 같은 추천의 글이 준비되어 있는가?
- 많은 고객들이 사도록 만들어져 있는가?
- 몇 번이나 방문하도록 만들어져 있는가?

특히 검색 엔진 상위 표시 대책이나 *애드워즈 광고 등에 의해서 홈페이지를 검색하기 쉽게 해 두면 가장 좋다. 그리고 테마에 따른 메일 매거진을 발행하여 고객 모으기 → 홈페이지로 이끌어 가도록 꾀한다.

7__철저한 자동화를 꾀한다

자동 조종화한 구조를 만들면 만들수록 당신은 편해진다. 컴퓨터 앞에 24시간 붙어 앉아 있을 필요가 없다. 포인트는 홈페이지로 고객을 모으는 것(마케팅)이나 판매 방법(세일즈), 메일 보내는 것을 될 수 있는 한 자동화한다.

미국에서는 훨씬 이전부터 고객의 상품 구입 이력(콘택트 패턴) 등에 따라 메일의 메시지나 메일을 보내는 방법 등이 자동적으로 프

---

*애드워즈 광고 : 파트너 사이트의 검색 결과 화면에 표시된 키워드 연동형 광고. 검색 결과 페이지에서 일람 표시되는 URL을 전화부에 나오는 전화번호라고 파악할 수 있으면 관련 페이지에 게재된 광고가 애드워즈 광고가 된다.

로그램된 법인용 소프트웨어가 등장해 있다.(마케팅 오토메이션)

　일본에서도 겨우 *오토 메일 레스폰더 등의 자동 발신 소프트웨어를 개인이라도 싸게 이용할 수 있게 되었다.(아직 사용하는 사정이 좋지 않지만) 이와 같은 소프트웨어는 좀 더 기술이 혁신되어 간단하게 이용할 수 있게 될 것이다. 철저한 자동화를 꾀하는 것이 정보 기업가의 성공 비결이다.

---

*오토 메일 레스폰더 : 발신된 메일에 대해서 자동적으로 소정 메일을 반송하는 프로그램. 자료 청구 등에 대해서 자동적으로 메일에 의한 정보 제공을 행하는 경우에 편리하다. 또한 설정도 매우 간단하다.

4. 마음의 브레이크를 풀어 놓는다

기업가로서 성공하는 비결은 섬세한 테크닉을 기억하는 것이 아니다. 큰 꿈을 가지고 그 꿈이 실현할 때까지 뚫고 나가는 것이라고 생각한다.

큰 꿈을 실현하려면 지금의 셀프 이미지(자신에 대해 품고 있는 이미지)를 자신이 바라는 셀프 이미지와 바꿀 필요가 있다. 인간은 자기답고 안심하고 행동할 수 있는 일정한 '쾌적'한 영역을 가지고 있다. 이것이 '콤포트 존comfort zone'이라는 것이다. 이 영역이라는 것은 실은 자기 자신이 멋대로 정하고 있는 것이다. 이 마음의 브레이크가 작용하기 위해서 지금보다 나빠지는 것뿐만 아니라 지금보다 잘 되는 것에도 공포를 느끼게 된다. 때문에 불만을 가지고 있으면서도 지금의 상태에서 한 걸음도 빠져나가지 못한다. 당신이 정말로 성공하고 싶으면 이 '콤포트 존'을 끌어올릴 필요가 있다.

이것은 결코 어려운 일이 아니다. 무엇이든 좋으니 실패를 두려워하지 말고 새로운 것을 시작하면 된다.

　예를 들면 미래의 꿈을 구체적으로 종이에 쓰는 것부터 시작하면 어떨까?
　종이에 큰 소원을 쓰면 셀프 이미지가 변한다. 연 수익 5백만 엔밖에 벌지 못한 사람이 연 수익 1천만 엔을 버는 자신이 된다고 쓴 순간에 당신의 콤포트 존이 올라간다.
　나 자신도 기업하기 전에 벌고 싶은 연 수익을 구체적으로 정해서 '몇 년 몇 월까지 기업을 한다' 하고 종이에 쓰는 것부터 시작했다. 쓰는 것만으로 나의 '콤포트 존'의 레벨이 올라갔다. 거기서 지금의 성공과 결부되는 길이 열린 것이다. 중요한 것은 과거에 구애되지 말 것. 과거에 구애되어 버리면 꿈이 적어진다. 즉, 콤포트 존이 변하지 않는다. 이렇게 하고 싶다고 자신의 미래를 멋대로 정하면 된다.

5. 자신의 영감을 믿고 행동한다

저명한 일러스트레이터이고 화가인 야마자키 씨(http://www.taku.gr.jp)는 학생 시절부터 기업을 하여 성공한 사람이다. 그의 저서『인생은 보통 이상의 피크닉』에 '대단한 것은 인생 속에서 거침없이 일어나도 좋다'라고 쓰여 있듯이 야마자키 씨 본인도 터무니없는 꿈을 잇따라 실현시켰고, 지금은 억만장자의 한 사람으로서도 알려져 있다.

그런 야마자키 씨가 이 책의 독자를 위해 마음의 브레이크를 간단히 풀어서 꿈을 실현해 가는 요령을 전수해 주었다. 그것은 야마자키 씨가 '피파의 법칙'이라 부르고 있는 것으로 '평소의 생활 속에서 척하고 느낀 대로 재빨리 행동한다'는 것이다.

야마자키 씨는 대부분의 사람이 성공하지 못하는 것은 자신의 영감을 믿고 있지 않은 것이 큰 원인이라고 지적한다. 새로운 행동을 몰아대는 훌륭한 영감이 모처럼 떠올라도 그 사람의 기성 개념

이 방해해서 새로운 것에 대한 도전을 제한해 버린다. 그런 사람이기 때문에 성공할 수 있었다, 자신은 그렇게 지독한 짓은 할 수 없다 라는 식으로 마음의 브레이크가 걸려 버려서 꿈의 실현이 점점 미루어진 것이다. 때문에 꿈이 멀어지지 않게 하려면 영감과 행동을 일체화하는 것이 불가결하며 느끼는 대로 행동해 나가면 마음의 벽이 무너지기 쉽다. 그 결과 꿈을 빨리 실현하게 된다. 요컨대 '대단한 것들이 일어나기를 기다리는 것이 아니라 자신이 대단한 것을 일으키는 것'이 성공의 비결이라고 가르쳐 주었다.

또한 야마자키 씨는 '지금의 시대는 이렇게 하고 싶다는 강한 마음을 갖는 것이 매우 중요하다.'라고도 말하고 있다. 지금은 다른 것은 돌아보지 않고 자기 멋대로의 행동을 해도 용서받는 시대로 어떤 직업이든 가질 수 있다. 그러나 과거에는 자유롭게 발상하는 것조차 허용되지 않았던 시대가 있었다. 때문에 무엇이든 실현할 수 있는 시대이기 때문에 이렇게 하고 싶다고 강한 마음을 먹고 영감을 작용하여 행동해 나가는 것이 성공을 가속화하는 것이다. 스스로 성공을 이룩해 나가자는 강한 마음을 가진 후에 비로소 성공으로의 문이 열린다.

6. 성공에 대한 끊임없는 구애와 정열을 갖는다

나의 친구 중에 경영 컨설턴트를 하고 있는 도코 타케히사 씨(합자회사 제갈공명 대표 http://www.syokatu.com)는 이색적인 젊은 기업가다. 그는 샐러리맨을 그만두고 1년 6개월만에 연 수익을 샐러리맨 시절의 9배로 올린 남자다.

보통 사람은 기업을 하여도 샐러리맨 시절의 3배가 고작이다. 왜냐하면 연 수익의 3배가 넘는 자신의 셀프 이미지를 할 수 없기 때문이다. 자신에게는 무리라고 처음부터 단념해 버린 것이다.

이에 대해 도코 타케히사 씨는 비상식적인 목표를 잇따라 달성해 왔다. 샐러리맨 시절에는 슈퍼 세일즈맨으로서 회사에서 톱의 성적을 올렸었고, 독립 후에도 기업 재건 컨설턴트로서 많은 회사의 위기를 구했다. 때문에 그는 '성공의 스페셜리스트'라고 불리고 있다. 그는 이렇게 말한다.

"우선 비전을 날조한다. 목표를 종이에 써서 매일 자신에게 암

시를 걸어서 성공한 모습을 이미지화한다. 확신! 확신! 확신하는 것이 중요하다. 그리고 무엇보다 중요한 것이 성공에 대한 구애와 정열이다."

(합)제갈공명과 정보 기업가 연구회는 함께 (주)인포프레너즈재팬을 세워 새로운 정보 기업가 육성 사업을 시작하게 되었다. 제1탄으로서 〈정보 기업가 입문 파워 업 성공 매뉴얼〉이 완성되었다. 정보 기업가로서 성공하고 싶은 사람은 부디 이 매뉴얼로 공부하기 바란다. 반드시 도움이 된다고 확신한다.

▣ 후기

사람은 누구나 바라는 것을 전부 손에 넣을 수 있는 능력을 가지고 있는데 그 훌륭한 능력을 발휘하고 있는 사람은 겨우 5퍼센트에 불과합니다. 게다가 그 5%의 사람이 모든 승리를 손에 넣어 버립니다.

승리하는 사람과 승리하지 못한 사람의 차이는 도대체 무엇일까? 단지 거침없이 행동하는가, 안 하는가의 차이일뿐입니다.

기업이란 회사를 만드는 것이 아닙니다. 하고 싶은 장사를 시작한 순간이 그것이 기업이 되는 것이죠. 때문에 회사는 있어도 없어도 좋습니다. 회사를 만드는 것은 돈을 벌 수 있게 되고 나서 생각하면 됩니다. 또한 기업에 '사업 계획서'는 필수가 아닙니다. 세상은 점점 스피드를 가하여 변화하고 있습니다. 완벽한 사업 계획서를 작성해도 1년 후에는 정세가 일변해 버리죠. 3년 후에는 그 회사가 없을지도 모릅니다. '사업 계획서를 만드는 방법'밖에 가르치지 않는 기업 지원 회사가 있으면 속지 않도록 조심해야 합니다. 사업 계획서는 자금을 빌릴 때는 필요하게 될지 모르지만 기업에는 그다지 중요하지 않기 때문입니다.

기업에 꼭 필요한 것은 '고객'입니다. 고객이 없으면 회사를 만들어도 간단히 도산하고 말죠. 정보 기업가도 당신의 정보를 사는 고객이 없으면 장사가 안 되는 것은 당연한 일입니다. 기업을 하려면 고객을 획득하는 기술을 배우는 것이 필요합니다. 때문에 나는 조그맣게 시작할 수 있는 '정보 기업가가 되는 것'을 권하고 싶습니다. 돈도 들지 않고 어디서나 할 수 있는 반면 리스크도 적기 때문입니다. 또한 사업 계획서도 필요 없습니다. 당신이 좋아하는 것으로 장사할 수 있으면 행복해지며 좋은 일만 생기게 됩니다. 게다가 정보 기업가는 only one 비즈니스입니다. 적이 없죠. 똑같은 일을 하고 있는 사람이 있다면 약간 시점을 바꾸는 것만으로 차별화 할 수 있습니다. 그런 의미에서 최강의 비즈니스라고 할 수 있죠.

그러나 이와 같이 많은 메리트가 있는 정보 기업가의 좋은 점을 이해해도 대부분의 사람은 선뜻 행동을 하지 못합니다. 기업가란 '스스로 변화를 일으켜 나가는 사람'이죠. 가지고 있어도 아무것도 변하지 않습니다. 그러나 행동을 일으키면 새로운 문은 반드시 열립니다.

시도해 보는 일에 실패는 없습니다. 무엇을 해도 좋으니 스스로 행동을 일으켜서 무엇이 잘 되고 무엇이 잘 안 되었는가를 학습해 나가는 것이 중요합니다.

실패란 조그만 성공입니다.

행동할 수 없는 사람은 자신이 바라고 있는 것이 애매하다고 말할 수 있습니다. 자신이 무엇을 하고 싶은지 무엇을 원하는지 구체적으로 모르고 있기 때문이죠. 그곳에서는 더이상의 힘을 기대하기 힘듭니다. 인간은 모티베이션motivation(동기부여)이 강해지면 놀랄 정도의 힘을 발휘하게 됩니다.

① 우선 자신이 바라고 있는 것, 바라고 있지 않은 것을 분명히 하는 것부터 시작하기 바랍니다. 돈이 필요하다면 얼마나 필요한지 금액을 명확히 하여 목표를 정하는 것입니다.
② 바라고 있는 것을 어떻게 하면 실현할 수 있는지 구체적인 해결책을 생각해야 합니다.
③ 또 언제까지 바라는 것을 달성할 것인지 기한을 정해야 합니다.
④ 할 수 있는 것부터 지금 바로 행동을 개시해야 합니다.

여기서 중요한 것은 '발상의 전환'입니다. 수입을 배로 늘리는 것은 지금보다 두 배로 노력하는 것이 아닙니다. 절반의 노력으로 할 수 없는가를 생각하는 것이지요. 지혜를 짜내는 것입니다.

장사의 달인이란 '돈을 벌 수 있는 사람'이 아니라 '버는 사람'이라고 생각하게 됩니다. 돈을 벌기 위해서 억척 같이 일하는 것이 아니라 내버려 둬도 버는 구조를 머릿속에서 이미지화할 수 있습니다. 그와 같은 발상을 가질 수 있는 사람이 자신의 꿈을 잇따라 실현할 수 있는 것입니다.

그 열쇠가 되는 것이 사고의 프레임워크를 바꾸는 것입니다. 낡은 상식을 타파해 나가는 것이죠. 샐러리맨이 기업가를 경험하는 최대의 메리트는 돈이 아닙니다. 기업가가 됨으로써 자신의 힘으로 돈을 조절하는 기술을 배우는 것이죠. 그런 점에서는 경영이란 과학이라고 할 수 있습니다. 성공의 방정식에 적용하면 반드시 결과가 나오죠. 운을 하늘에 맡기고 하는 도박사의 발상으로는 진정한 경영자가 될 수 없습니다. 회사에 의존하지 않고 자립하여 버는 힘을 익혀 두면 구조 조정 같은 것은 전혀 두렵지 않죠. 정년 후에도 걱정이 없습니다.

그 절호의 기회가 되는 것이 정보 기업가가 되는 것입니다. 샐러리맨을 그만두지 않아도 기업가로서의 발상을 공부할 수 있는 것이죠.

나와 같이 번 돈 속에서만 투자한다고 결심하면 절대로 적자를 보는 일은 없습니다. 머리를 써서 즐겁게 벌 수 있으면 매일 기쁨과 기대로 가슴이 설레일 것입니다.

극히 보통의 샐러리맨인 나도 기업가가 될 수 있었습니다. 그리고 좀 더 큰 꿈을 갖게 되었죠. 그 꿈도 전부 실현할 수 있다고 확신하고 있습니다. 부디 독자 여러분도 아주 약간의 용기를 내서 행동해 보기 바랍니다. 당신은 당신의 꿈을 실현하기 위해 태어난 것입니다. 하나나 둘이라는 등 인색한 말을 하지 말고 꿈을 전부 이루어 나갑시다.

여러분의 성공을 빌어 마지않습니다.

KAISHA O YAMEZU NI OKUMAN CHOJA
by MAKINO Makoto
Copyright (c) 2004 MAKINO Makoto
All rights reserved.
Originally published in Japan by INDEX COMMUNICATIONS CO., Tokyo.
Korean translation rights arranged with
INDEX COMMUNICATIONS CO., Japan
through THE SAKAT AGENCY and UNION AGENCY.

오후 6시 사장

초판 1쇄 인쇄일 | 2016년 6월 24일
초판 1쇄 발행일 | 2016년 6월 30일

지은이 | 마키노 마코토
옮긴이 | 홍영의
펴낸이 | 하태복
편 집 | 박희영

펴낸곳	이가서
주소	경기도 고양시 일산서구 주엽동 81, 뉴서울프라자 2층 40호
전화·팩스	031-905-3593 031-905-3009
이메일	leegaseo1@naver.com
등록번호	제10-2539호

ISBN 978-89-5864-319-7 13330

가격은 뒤표지에 있습니다.
저자와 협의하여 인지는 생략합니다.